핑계보다 방법을 찾는 사람

윤성화 지음

핑계보다 방법을 찾는 사람

윤성화 지음

들어가며

사람은 누구나 실수를 한다. 하지만 모든 사람이 실수를 인정하는 것은 아니다. 어떤 사람들은 자신의 잘못을 인정하기보다 변명을 찾아 책임을 피하려 한다. 변명은 순간적으로 자신을 보호하는 방법이 될 수 있지만, 계속 반복되면 진정한 성장을 막는 걸림돌이 된다.

보통의 사람들은 실수를 인정하는 것이 곧 자신의 능력이 부족하다는 뜻이라고 생각해서 두려워한다. 또 어떤 사람들은 다른 사람의 평가를 의식해 습관처럼 변명한다. 하지만 변명이 계속되면 결국 자신의 문제를 바로 보지 못한다. 이는 성장할 기회를 놓치는 결과를 가져온다는 것을 알아야 한다. 스스로를 정당화하는 순간, 우리는 현실을 외면하고 제자리걸음 할 수밖에 없다. 변명은 단순한 자기방어가 아니라, 자기 자신을 속이는 위험한 습관이 될 수 있으며, 결국 발전을 가로막는 걸림돌이 되기 때문이다.

이렇게 내가 단언할 수 있는 이유는 이 글을 쓰는 내가 그런 시절을 겪어봤기 때문이다. 부끄럽지만 나 역시 게임과 밤샘 영화 등으로 회피했고 도망쳤었다. 눈을 한 번 질끈 감으면 인생이 리셋되기를 은연중에 바라면서. 하지만 애석하게도 그런 일은 벌어지지 않았다. 그렇게 인생의 바닥을 짚고 다시 하나씩 하나씩 삶을 재정비하는 데 걸린 시간이 무려 10년이다.

다른 목적은 없다. 그저 여기에 적어뒀던 그 성장의 시간 속 일기들이 나와 비슷한 실수를 저지르고 있는 사람들에게 조금 일찍 그 시절을 끝낼 수 있는 실마리가 되길 바랄 뿐이다.

목차

들어가며 · 5

나에 대한 최소한의 기대를 하자 · 13
결핍은 가장 강력한 동기다 · 18
청개구리 같은 마음만 버려도 · 20
끓는 점은 사람마다 다르다 1 · 22
끓는 점은 사람마다 다르다 2 · 24
끓는 점은 사람마다 다르다 3 · 26
빗방울과 바다 · 28
이럴 때는 이렇게 하세요 · 30
마음 다스리기 · 31
인기의 유혹에 빠지지 마라 · 35
칼과 방패 · 37
나를 가장 잘 속이는 것은 나 자신이다 · 39
핑계도 습관이다 · 41
내 인생의 재미를 모르면 · 43
떡튀순 · 45

진정으로 성공한 삶이란	48
과한 상상력은 불안을 키운다	51
저는 금수저입니다	53
사람을 이해하는 힘	55
나를 챙겨야 할 때와 일해야 할 때를 구분해	57
학생과 직장인의 결정적인 차이	59
책 읽어도 삶이 변하지 않는다면	63
열심의 방향을 찾고 싶다면	66
아무것도 안 하는 시간이란 없다	69
작게 시작하세요	71
천국과 지옥	72
문제를 대하는 방식	74
진실한 칭찬에 익숙해져야 한다	77
뱉어 심은 씨앗	80
숨바꼭질과 불편한 진실	82
나의 속도로 깨우쳐도 괜찮아	86

주어진 조건 속에서 방법을 찾아라	89
큰 일이 없는데도 도태되는 것 같다면	92
핑계 없는 삶이 가져다준 자유	95
사람에게도 등급이 있다면	98
주어진 조건에서 최선을 다하는 습관	100
날카로운 직구보다 위트있는 변화구	102
기생충과 들꽃	104
가여운 인생 vs 값진 인생	106
좋아하는 일을 지켜내는 법	107
일을 잘한다는 것의 의미	110
모든 것은 마음먹기에 달렸다?	113
인생에는 적절한 하중이 필요하다	115
햇살 같은 사람이 되세요	117
시들어 가지 마세요	120
사람을 바꾸는 3가지 방법	122
본능을 이겨내지 못하면	125

스트레스가 쌓이면 수학의 정석을 풉니다	128
오늘도 계획만 하는 당신에게	130
내 인생이 나의 것이 되려면	133
누군가에게 자격을 부여받으려 하지 마라	137
교만한 사람과 겸손한 사람	139
주기적인 청소가 주는 깨달음	141
장작 나무	142
틈만 나면 하는 것이 당신을 결정한다	144
가장 불행한 것	146
행복한 시간이 이어지기 위해	147
계획을 위한 계획을 멈춰라	150
상처가 많은 사람들은	152
주변에 사람이 줄어드는 것 같을 때	155
조금 떨어져 있어야 모두 어른이 된다	157
과거의 상처를 돌보다 놓치는 것	161
플로리다 프로젝트	163

가장 고통스러운 순간	164
멈출 수 있는 용기	166
성장보다 성품이 먼저다	168
가로등 같은 사람	170
보여지는 일보다 의미 있는 일	173
화날 때는 입을 다물어라	177
포기하고 싶을 때 다시 힘을 내게 해줬던 말	180
짧아서 값진 것들	182
완벽주의만 내려놓을 줄 알아도	183
과정에 관심을 가져야 방법이 보인다	185
무언가를 오래 하고 싶다면	188
낭만 멘토 윤사부	191
마무리하며	195

나에 대한 최소한의 기대를 하자

학창 시절, 나는 나를 정말 싫어했다. 키 작고 못 생기고 가난했으며, 할 줄 아는 게 별로 없었기 때문이다. 그래서 또래 친구들 사이에서 늘 숨어 다녔고 눈에 띄기 싫어했다. 마치 나에게 절대로 바꿀 수 없는 큰 결함이 하나 있는 것만 같았다. 그렇게 지내다 보니 힘세고 돈 많은 녀석들에게 나는 그저 먹잇감 같은 아이였다. 녀석들은 나약하고 대꾸 못 하는 나를 별다른 이유 없이 괴롭히기 시작했다.

그런 학창 시절을 보내고 대학생이 되었을 때, 애석하게도 나는 나 자신이 무언가를 해낼 수 있는 인간이라는 걸 믿지 못하는 지경까지 돼버렸다. 누군가 내 이름을 크게 부르는 것만으로도 소름이 끼쳤고 친해지기 위해 걸어오는 장난도 내게는 폭력으로 느껴졌다. 그런 내게는 학교 도서관이 유일한 도피처였다. 함부로 말을 걸어올 수 없었고 제법 두꺼운 책을 펼쳐놓고 집중해서 읽고 있으면 그 누구도 나를 신경 쓰지 않았다.

시간을 보내기 위해 읽기 시작했던 독서가 자연스럽게 '아들러'를 만나게 했다. '성장형 사고방식? 과거의 상처가 분명하더라도 이제부터 그 과거의 일로 힘들지 않겠다는 목적을 가지면 달라질 수 있다고?', '130년 전에 태어난 당신이 나에 대해 뭘 안다고?!' 내 상처를 건드리는 그에게 나는 반항했다. 하지만 나는 은연중에 그의 말에 동의했었나 보다. 이상하게도 그의 저서를 계속 찾아가며 읽기 시작했다. 아마 누구에게라도 기대고 싶은 마음이었던 것 같다.

'우리는 때때로 스스로에게 너무 가혹합니다. 원하는 목표를 이루지 못하면 자책하고, 남들보다 뒤처지는 것 같으면 조급해집니다. 계획했던 대로 되지 않으면 "나는 역시 안 돼."라는 말을 습관처럼 내뱉기도 합니다. 하지만 우리가 스스로를 다그치는 만큼, 나 자신을 응원하고 있는지 돌아볼 필요가 있습니다.'

심리학자의 말이 이렇게나 내 마음을 두드릴 줄 몰랐다. 그러고 보니 나는…. 나를 응원해 본 적이 없었다. 늘 나 자신을 자책하고 비난했다. 스스로에 대한 기대를 하지 않으니 노력할 이유나 명분도 없었다. 아들러는 이런 내게 '당신은 당신을 학대하고 있어요. 이제 그만하고 자기 인생을 살아요….'라고 토닥

여주는 것만 같았다. '내가 책에 위로를 받아서 울먹이다니…' 행여나 누군가가 나를 볼까봐 급하게 꺼낸 안경닦이로 눈물을 훔쳤다.

나 자신이 스스로에 대한 최소한의 기대를 하는 것이 중요했다. 지금까지 내가 어떤 인생을 살아왔든지 관계없이 지금부터라도 나아질 수 있다는 믿음. 그 믿음을 키워나가는 것이 회복을 넘어 자존감을 키워나가는 유일한 길이었다. '뭐부터 해야 할까…?'를 고민하다 나는 앞으로 한 달 동안 매일 도서관에 출석하는 것을 목표로 삼았다. 하필 다음날 억수 같은 비가 내렸다. 늦잠을 자는 바람에, 자취방에 뒀던 우산은 다른 녀석들이 이미 쓰고 나가버린 상태였다.

'아… 미치도록 나가기 싫다….'

아마도 그날 내 인생이 바뀐 것 같다. 나는 먼지 묻은 우비를 기어코 찾아 꺼내 입었다. 도서관 회원증만 챙겨서 20분을 걸어 중앙도서관에 도착했을 때, 나는 가만히 서 있어도 온몸에서 비가 주르륵 흘러내리는 상태였다. 화장실에 들러 간단하게 옷을 비틀어 짜고 챙겨온 수건으로 머리와 몸을 대충 닦았다. 그리고 도서관 로비에 틀어놓은 히터에서 음식 앞 파리처럼 뱅뱅 돌면서 몸을 말렸다. 그렇게 30분 정도 말리고 나서야 열람실에 들어설 수 있었다. 그리고 아마 '자존감'이라는 단어를 검색대에 입력했던 것 같다. 그 하루가 오늘의 나를 교육회사 대표로 살아가게 해 준 첫 번째 날이었을 것이다.

만일 그때 내가 장대 같은 비를 피해 이불 속에 머물렀더라면, 20분 동안 비를 맞으며 오르막길을 오르다가 중간에 다시 집으로 돌아와 버렸더라면, 젖은 몸으로는 열람실에 들어가지 못한다는 얄미운 사서의 기운에 져서 다시 돌아갔더라면 지금의 나는 없었을 것이다. 그날 나는 직감적으로 무언가를 해내지 못하면 정말 인생의 실패자가 되어버릴 것만 같은 기운을 느꼈던 것 같다. 그리고 마음속으로 천 번은 더 되새겼던 말.

'나도 변할 수 있다!'

이 문장을 이 악물고 붙잡지 않았다면 지금의 삶은 꿈꾸지 못했을 것이다. 나에 대한 작은 기대감이 결의를 다지는 순간을 만들어 냈고, 그렇게 튼튼해진 결의가 나를 핑계보다 방법을 사람으로 살게 했다.

누구나 흑백사진 같은 시절이 있을 것이다. 하지만 그런 시기는 영원하지 않다. 과거의 나와 연결고리를 끊어내는 힘을 길러내면 완전히 다른 삶을 시작할 수 있다. 우리는 점점 나아질 수 있다. 다른 건 몰라도 이 글을 읽는 당신이 이 사실만큼은 전적으로 믿었으면 좋겠다. 아주 조금씩 나의 하루를 바꿔 가는 노력이 언젠가 자랑스러운 인생으로 바꿀 수 있다. 나아가 나도 누군가를 돕고 사회적으로 의미 있는 삶을 살 수 있다. 그 출발점이 '나 자신을 나 스스로가 믿어주는 것'이라는 것만 잊지 말자.

결핍은 가장 강력한 동기다

시험 점수를 80점 받은 날이었다. 한 선생님은 "4개나 틀렸네? 바보같이?"라며 나를 비꼬았다. 그것도 하필이면 친구들 앞에서. 반면, 같은 점수를 보고 다른 한 선생님은 이렇게 말했다. "80점이나 받았네? 지난번보다 더 좋아졌다, 성화야! 오답 노트만 잘 만들어보자. 궁금한 거 있으면 물어보고!"

생각해 보면 선생님의 지혜로운 이 한마디가 나를 공부의 길로 이끌었다. 덕분에 나는 '오답 노트'가 실수에 대한 자책이 아니라 '두 번 실수하지 않기 위한 노력'이라는 것을 일찍이 알아차릴 수 있었다. 이렇게 결핍과 실수를 통해서도 배울 수 있다는 것을 깨닫게 한 경험은 공부가 아닌 다른 영역까지 확장하게 했다. 그렇게 자격증, 운동, 독서, 야식 끊기, 아침 기상 등 나만의 오답 노트를 구체화하며 하나씩 고쳐나갔다. 그제야 알았다.

'이건 결심만으로 되는 게 아니었구나….'
그리고 노력으로 바꿀 수 없는 키, 출생지 등의 결핍들을 오히려 나의 개성이라고 정의할 힘이 생겼다. '작은 키'라는 결핍은 나에게 맞는 스타일링을 공부하는 것으로, '지방 출신'이라는 결핍은 사투리의 매력을 오히려 더 드러내는 것으로 이겨냈다. 그제야 조금은 세상을 정상적으로 보기 시작했다. 그전까지 왜 나는 가난해야 하는지, 왜 나는 못생겼는지, 왜 나한테는 좋은 환경이 없는지 등을 생각하느라 대부분의 시간을 써버렸다. 무언가를 진짜로 하는 건 없고 부정적인 생각과 한숨으로만 하루를 채웠던 시절이었다.

결핍은 누구에게나, 어떤 형태로든 존재한다. 기억해야 할 점은 결핍을 나의 '치부'로 삼을 것인지 '삶의 동력'으로 삼을 것인지를 나 스스로 결정할 수 있다는 사실이다. 그리고 무엇보다 부족함을 드러낼 수 있는 용기가 있어야 한다. 사람들은 태어날 때부터 금수저인 삶보다 역경을 이기고 성장하는 사람들을 더 응원하게 되어있다. 혹 그 결핍을 약점 삼아 나를 공격하려는 사람들이 생긴다면 놓칠 뻔했던 손절 타이밍을 잡은 것이니 오히려 기뻐하면 된다.

청개구리 같은 마음만 버려도

감정과 신체는 서로 연결되어 있다. 그래서 기분 나쁜 일이 생겼을 때 우리 몸이 실제로 두통을 느끼고 신진대사가 느려져 잠을 자고 싶게 만드는 것이다. 스트레스로부터 우리 몸을 보호하는 것이다. 즉, 잠을 자면서 감정을 회복하라는 신체 신호다.

하지만 우리는 이런 우리 몸의 신호를 가뿐히 무시한다. 청개구리처럼, 쉬어야 할 때 쉬지 않고 나쁜 기분을 풀어내기 위해 늦은 시간까지 누군가를 만나거나 새벽까지 콘텐츠를 소비하면서 내 몸을 더 괴롭힌다.

밤을 새우거나 숙취에 시달리면서도 아침에 일어나야만 하는 순간을 한 번쯤 겪어봤을 것이다. 하지 말라는 대로만 해서 벌어진 일인데 괜히 회사가 밉다. 그렇게 조금씩 남 탓하는 습관이 나도 모르게 정신에 박혀버리는 것이다.

세상에는 순리와 자연의 이치가 존재한다. 낮에는 활동하고 밤에는 잠들어야 자연스럽다. 적절한 시간마다 음식을 먹어줘야 하고 주기적으로 씻어서 청결을 유지해야 한다. 늘 혼자이기를 바라는 사람도 관계 속에 속해있다가 종종 혼자만의 시간을 갖는 것이 건강에 좋다.

부디 자유로운 삶을 추구하는 것과 이치에 어긋나는 행동을 혼동하지 말자. 결국 모든 선택에 대한 책임은 나 스스로 짊어져야 하니까.

핑계보다 방법을 찾는 사람

끓는 점은 사람마다 다르다 · 1

끓는 점. 대기압에서 액체가 기체로 변하는 온도. 참 야속한 단어다. 겨우 1도가 부족하다고 99도까지 끌어올린 노력이 아무것도 아니게 만들어버리니까.

99번의 실패와 좌절 앞에 마음이 성한 사람이 누가 있을까. 외롭고 지치지 않을 수 없다. 그래서 많은 이들이 99도에 멈춰 선다. 하지만 그들이 간과하는 것이 있다. 끓기까지의 속도는 더디지만 식을 때 속도가 훨씬 빠르다는 것.

잠시 한숨 돌리고 다시 1도만 더 끌어 올려 '100도'라는 끓는 점에 다다르려고 해보지만 이미 온도는 60도 근처까지 떨어져 있다. 1도가 아니라 40도를 다시 올려야 하는 상황이 되어 버렸다. 그래서 많은 사람이 다시 끌어올리기를 포기한다.

중간에 포기하지 않고 끓는 점에 다다를 수 있는 두

가지 방법이 있다. 99도에서 100도가 될 때까지 같은 노력을 계속 반복해낼 수 있도록 삶의 체계를 잡거나(시스템적 사고), 외부 압력이 낮은 산에 올라 80도에서 물이 끓을 수 있게 만들거나(성장환경 설계).

인생에서 한 번은 끓어오르는 시기를 보낼 필요가 있다. 액체가 기체로 변하듯 사람 또한 그 성질이 변하기 때문이다. 한 번 끓기 시작하면 그 사람은 소비자에서 생산자로, 수동적 사람에서 주체적 사람으로, 이기적 인간에서 이타적 인간으로 생각과 태도가 변해 버린다.

그럼, 구체적으로 '시스템적 사고'와 '성장환경 설계'에 대해 이야기해 보자.

끓는 점은 사람마다 다르다 · 2

끓는 점에 다다를 수 있으려면 '시스템적 사고'와 '성장환경 설계'가 필요하다는 것까지 알아봤다. 이제 그 구체적인 방법에 대해 알아보자.

시스템적 사고는 필요한 생각을 순서에 맞게 할 수 있는 힘을 말한다. 가장 쉬운 예를 찾으려면 집에 있는 라면 하나를 집어 뒷면에 있는 '라면을 끓이는 방법'을 읽어보면 된다. 물론 우리가 라면의 성분과 제조 과정을 모두 알 필요는 없다. 우리에게 필요한 것은 '맛있는 라면'이기 때문에 '라면을 끓이는 방법'을 순서에 맞게 아는 것뿐이다.

중요한 것은 이 시스템적 사고가 고정적이지 않고 늘 진화한다는 점이다. 한 예로 예전에는 라면 끓이는 방법을 '3분 정도 끓는 물'에 초점을 두고 안내했다면 이제 '맛있는 라면'에 초점을 두는 것이다. 그래서 '수프를 먼저 넣으면 끓는 점이 높아져 더 맛있는 라면을 즐길 수 있습니다'와 같은 안내가 등장하는 것이다.

한 사람이 자기가 가진 역량의 끓는 점을 돌파하는 것도 이와 비슷한 원리적 특성을 가진다. 우선 내가 원하는 삶을 현실화하기 위해 어떤 순서로 생각과 행동을 조정해야 하는지를 먼저 알아야 한다. 라면의 조리법이 시간이 지남에 따라 진화한 것처럼 시대성에 따라 어디에 초점을 둬서 끓어야 하는지를 찾아야 한다. 이런 관점에서 멈추지 않고 한 길을 계속 간다는 것은 곧 '새로운 방법'을 더 알게 된다는 의미이기도 하다.

이런 시스템적 사고가 주는 가장 큰 선물은 '노하우의 축적'이다. 반복하며 축적하지 않으면 절대로 알 수 없는 자신만의 영역이 생기는 것이다. 반대로 생각하면 어느 한 분야에서 전문가로 살아가는 사람은 그 영역에서 필요한 시스템적 사고를 할 줄 아는 사람이 되었다는 뜻이다.

끓는 점은 사람마다 다르다 · 3

시스템적 사고는 시간과 사람의 종속성을 갖기 때문에 한계가 있다. 그래서 끓는 점에 이를 수 있는 요인 두 번째 '성장환경 설계'가 필요하다. '성장환경 설계'란, 산 위에서 끓는 점이 약 80도까지 내려오는 것처럼 내가 쉽게 끓어오를 수 있는 환경을 구축하는 것이다. 그래서 다른 사람들의 99도가 내게 80도면 된다는 것은 엄청난 생산성의 도구를 갖는 것을 의미한다. 대표적인 성장환경의 요소에는 '마인드 셋(Mind-set)'과 '스위트 스팟(Sweet-spot)'이 있다.

마인드 셋은 '내가 움직일 수밖에 없는 사람이 되기 위해 필요한 마음가짐'을 스스로 잘 아는 것이다. 그래서 무언가 하고 싶은 마음을 지속적으로 유지할 수 있도록 돕는 모든 환경이 여기에 속한다. 스위트 스팟의 핵심은 시간과 장소를 나에게 맞게 세팅하는 것이다. 그래서 이 스위트 스팟은 마인드 셋이 장착된 상황에서 언제, 어디서 중요한 일을 할 때 가장 효과적인지를 찾아가는 과정이다.

내 경우에는 가장 중요한 일인 '책 쓰기'를 할 때 이 두 가지를 활용한다. 마인드 셋은 작년 연말에 멘티들이 해 준 '나에 대한 칭찬의 글'을 기분 좋게 읽고, 스위트 스팟은 아침 9시까지 지나가는 사람들을 관찰할 수 있는 합정역 7번 출구 할리스 3층 창가 자리에 앉는 것이다. 여기까지만 하면 정말 거짓말처럼 몰입 속도가 빨라진다. 정확히 말하면, 글과 나 외에는 모든 것이 멈춰 버린 듯한 느낌으로 글을 쏟아낼 수 있다. 손가락이 키보드 위에서 절로 춤을 추는 것 같다. 그래서 정신을 차려보면 이미 점심 식사 시간이 지나 있는 경우가 많다.

끓는 점을 설계한다는 것은 이런 몰입하는 느낌을 의도적으로 누릴 수 있도록 자신의 성장환경을 구축하는 것이다. 이것은 멈추지 않고 계속 자기만의 길을 걸어온 사람들에게 주어지는 축복이다. 생각해 보면 나의 길을 정확히 알고 걸어온 순간보다 걷다 보니 길이 된 순간들이 더 많다. 가장 중요한 것은 멈추지 않고 계속 걸어가야 한다는 것인데, 모든 것을 운에 맡기고 싶지 않다면 더욱 '시스템적 사고'와 '성장환경 설계'를 갖출 필요가 있다.

핑계보다 방법을 찾는 사람

빗방울과 바다

비 온 뒤, 산을 올라 보면 신기한 광경들을 마주하게 된다. 분명 산 아래 하늘은 이미 맑은데 산속은 아직도 비가 흐른다. 초록 나뭇잎과 가지마다 몽글어진 빗방울들이 늦잠을 잔 아이들처럼 서둘러 큰물을 찾는다. 조르륵. 높은 나무들 사이로 종종 들려오는 물 떨어지는 소리가 꽤 청량하다. 오랜만에 하는 산행에 흐트러진 호흡을 가다듬느라 자리를 잡고 잠시 앉았다.

여기저기 흩어져 매달려 있던 작은 빗방울들이 하나의 물줄기로 합쳐지는 광경을 가만히 지켜본다. 올라오던 길 중간쯤 사람들이 손을 씻던 물도 이 작은 물줄기로 시작된 것인가 보다. 고개를 들어 나무 사이로 밖을 보니 큰 강 하나가 보인다. 저기가 너희들의 목적지겠구나.

이리저리 치이며 시냇물의 방황하던 기간은 큰 강을

만나기 위함이었다. 사람의 인생도 별반 다르지 않은 것 같다. 연인이든 은인이든 큰 강 같은 사람 한 명을 만나기 위해 우리가 이토록 치열하게 방황해 온 게 아니었을까. 나의 작은 방황쯤은 아무것도 아니라는 듯 품고 기다려주는 사람. 그런 사람이 한 명만 곁에 있어도 삶의 무게중심이 잡히는 것 같다. 아···. 나는 누군가에게 그런 사람으로 살아가고 있으려나?

"저기요~ 정상에 가려면 아직 많이 남았어요?"

목청만큼 얼굴이 큰 아주머니가 노트와 내 눈 사이에 손바닥을 흔들어 보이며 나를 사색에서 끄집어냈다. 설마 이분은 아니겠지.

핑계보다 방법을 찾는 사람

이럴 때는 이렇게 하세요

우울하고 불안하면 매운 떡볶이를 입에 넣으세요.
기분이 울적하면 예쁜 말을 하는 사람을 만나세요.
사람 때문에 힘들다면 나를 위한 선물을 하세요.
의욕이 생기지 않는다면 새벽 시장을 가보세요.
친구가 필요하다면 같이 싫어하는 걸 찾으세요.
종일 피곤하다면 헬스장에 사진을 찍으러 가세요.
문득 외로워진다면 단톡에 무료 쿠폰을 쏘세요.
내가 왜 이러는지 모르겠다면 일기를 쓰세요.
누군가 욕하고 싶다면 치킨부터 시키세요.
인생이 무료하면 유료 결제를 하세요.

마음 다스리기

내 인생에는 없었으면 좋겠다고 생각했던 것들이 있었다. 믿었던 사람들에게 뒤통수를 맞는 경험, 사랑하는 사람들이 떠나가는 일, 밥과 함께 마음을 나눴던 지인의 갑작스러운 죽음 같은. 나쁜 예감은 왜 늘 딱 들어맞는 걸까. 애석하게도 이 모든 것을 한꺼번에 겪어야 하는 때가 있었다.

나의 잘못이 아님을 잘 알고 있음에도 좀처럼 마음이 잡히지 않았다. 분명 일을 하고 있었지만 정신을 차리고 보면 생각과 전혀 다른 글이 쓰여 있었다. 충분히 기쁜 일이 생겼는데 마음을 다해 기뻐할 수 없는 그런 시간을 감당해야 했다.

파도처럼 요동치는 마음을 깨닫자마자 나는 사무실을 떠나 집 근처 호수를 향해 무작정 걸었다. 내가 귀여워하는 오리들과 큰 물고기들을 볼 수 있기를 바라면서. 저 멀리 아이 한 명과 엄마가 호수 난간에 붙어 있는 걸 보니 오늘은 녀석들을 볼 수 있나보다. 가까이 가보니 아이는 굳이 물고기 밥까지 준비해 와서 하나씩 던져주며 물속 친구들과 눈을 마주치고 있었다. 아이는 물고기의 쩌억쩌억 벌어지는 입을 보며 즐거워했고, 엄마는 그 물고기의 입을 따라 하는 아이의 입을 보며 미소 지었다. '아, 평화롭다.'라는 생각이 절로 드는 동화 같은 장면이었다.

"이제 갈까?" 시계를 훔쳐보던 엄마는 기어이 가야 하는 시간임을 알렸다. "조금만 더 보고 가고 싶어…" 아이는 엄마의 눈과 물고기의 입을 번갈아 보며 아쉬워했다.

"이거 봐~ 엄마가 너랑 물고기 둘 다 나오게 동영상 찍어놨어. 나중에 집에 가면 이거 또 보자!"
"물고기 영상 언제 보여 줄 건데?" 아이가 물었다.
"음…. 기분이 안 좋거나 슬플 때마다? 그럴 때마다 오늘처럼 기분 좋은 물고기 영상 보여줄게. 그러면 기분이 훨씬 좋아져."

대화를 엿듣다가 어머님과 눈이 마주쳤다. 나는 괜한 헛기침과 함께 스트레칭하며 자리를 옮겼다. '안 좋았던 기억과 마음은 잊는 게 아니라 좋은 기억으로 덮는 것일 수도 있겠다…' 실마리를 찾은 것 같은 기분에 나는 얼른 메모장을 꺼내 이런저런 생각들을 적었다. '나에게 가장 좋은 기억들이 뭐가 있었지? 그게 어디 있을까?' 이 문장을 적고서는 코끝에 볼펜 끝자락을 툭툭 부딪쳐가며 기억을 더듬었다. 아! 클라우드에 백업 해놓은 사진 앨범!

나는 방 탈출 카페에서 결정적인 힌트라도 얻은 사람처럼 서둘러 사무실로 발걸음을 옮겼다. 타타타닥. 클라우드 서버에 '힘 나는 앨범'이라는 검색어를 넣었다. 지난 몇 년 동안 주변 사람들에게 '나 좀 응원해 주세요', '나 칭찬해 줘 봐~' 하면서 받아냈던 글과 사진들이 모여 있는 앨범이었다. 무려 1,048장? 시간대별로 정리된 앨범들을 정렬하고 큰 모니터 화면에 띄운 뒤 눈으로 하나씩 읽어 내려갔다. 다른 누구를 위한 위로가 아닌 나를 위한 위로와 응원이 모여 있어 그런지 나는 무려 2시간이 넘도록 그 내용들을 모두 읽어냈다.

기지개를 힘껏 켜면서 거울에 비친 내 표정을 보는데 드디어 한 달 전의 내 표정으로 돌아와 있었다. 그리고 성찰 메모장을 꺼내 힘줘서 한 문장을 적어놓는다.

핑계보다 방법을 찾는 사람

'나쁜 기억은 억지로 잊으려 하지 말고 더 많은 좋은 기억으로 채워 밀려나게 해야 한다.'

인기의 유혹에 빠지지 마라

별생각 없이 쓴 글에 50만 명이 주목했던 적이 있다. 그때는 '사람들이 내 글을 이렇게 좋아해 주는구나…'싶어서 너무 행복하고 짜릿했다. 하지만 나는 그 글 이후로 한 달간 다음 글을 쓸 수 없었다. 아무리 머리를 굴려도 50만 명을 한 번 더 만족시킬 자신이 없었기 때문이다. 맞다. 그것은 그저 운이었다.

이렇듯 갑자기 얻은 인기만큼 위험한 것이 없다. 늘 주목받고 나의 모든 말과 행동에 관심이 쏠리는 인생을 맛보면 오히려 그렇지 않은 평범한 일상을 불행한 것으로 여기기에 십상이다. 또한 그 인기를 놓치고 싶지 않으려 하다 보면 나와 어울리지 않는 이상한 것을 하기 시작한다. 그래서 종종 위험한 행동이나 노출을 감행하며 사람들의 관심을 계속해서 자극하려 하는 것이다.

인기는 장작에서 피어오르는 '연기' 같은 것이다. 피

어오르는 연기에 집중하다 보면 장작을 더 넣어야 할 타이밍을 놓치고 곧 불이 꺼지게 된다. 당연히 불이 없으면 연기도 피어나지 않는다. 그러니 내가 고민해야 할 것은 '어떻게 더 많은 불을 피울까?'가 아니라 '언제 어떤 장작을 넣어야 삶의 열정이라는 불이 꺼지지 않을까?'다. 드러나 있는 표면보다 그것을 드러나게 하는 본질을 더 고민하는 삶을 살아야 하는 이유가 여기에 있다.

기억하자. 인기 있을 때가 가장 위험한 때다. 피어오르는 연기에 취해 멍하니 앉아 있지 말고 부지런히 나의 땔감을 찾아 다듬고 미리 잘라 놓자. 적절한 순간에 툭 던져 나의 불꽃이 꺼지지 않도록. 그러다 보면 언젠가 이 불씨가 누군가에게 옮겨붙어 함께 활활 타오르는 사람들과 인생을 같이하는 날이 반드시 온다.

칼과 방패

시간이 갈수록 계속해서 성장하는 우량주 같은 사람들에게는 크게 두 가지 특징이 있다.

첫 번째는 '규칙성'이다. 삶의 패턴이 명확하고 간결하다. 밥을 잘 챙겨 먹고 충분히 잠을 자고 적절한 운동을 한다. 그것이 행복한 삶을 지탱하는 방어선임을 잘 알기 때문이다. 두 번째는 '탁월함'이다. 인간은 결국 자기만의 강점을 드러내는 것을 추구하게 되어 있다. 그래서 외모, 소유, 성취 등으로 자신만의 무엇을 드러내고 싶어 한다. 이것을 잘 알기에 무엇보다 자신만의 무기를 갖추기 위한 공을 들인다.

비유하자면, 규칙성은 방패고 탁월함은 칼이다. 인생이라는 전쟁을 치를 때는 반드시 이 두 가지가 동시에 필요하다는 것을 알아야 한다. 탁월하지만 규칙성이 없다는 것은 칼은 있지만 방패가 없다는 말이다. 그러면 언젠가는 칼을 휘두를 팔뚝에 상처를 입게 된다. 곧 칼이 있어도 그 칼을 들지 못하는 상태가 된다는 말이다. 곧 강점이 있어도 쓸 수 없는 상태에 빠지는 꼴이다. 반면, 규칙적이지만 탁월함이 없다는 것은 방패가 있지만 칼이 없다는 말이다. 이런 사람들은 안전한 선택만을 추구하다 끝내 피어보지도 못하고 지는 꽃과 같다. 간혹 좋은 기회가 와도 무딘 방패를 칼처럼 쓸 수밖에 없어 자신만의 어떤 것을 갈고 닦기에는 역부족이다.

전쟁에 나가려면 양손에 방패와 칼을 들고 충분히 연습한 다음, 온전히 준비된 상태여야 한다. 이것을 경히 여기고 서둘러봤자 헛된 죽음의 시기를 앞당길 뿐이다. 그러니 욕심에 이끌려 맨몸으로 나가지 말고, 방패를 튼튼하게, 칼을 날카롭게 하는 법부터 익히자. 익힘은 곧 학습이며 이것은 머리와 몸으로 세상 이치를 나의 것으로 만드는 과정이다. 당신이 제대로 공부해야 할 이유로 충분하지 않은가? 기억하자. 칼의 공부는 나의 강점에 관한 공부, 방패의 공부는 나를 지키는 규율에 관한 공부다.

나를 가장 잘 속이는 것은 나 자신이다

우리는 종종 '아직은 때가 아니야.', '이만하면 됐어.', '그거 했으면 큰일났을 거야.'와 같은 말로 나 자신을 속인다. 아마 본인도 분명히 알고 있을 거다. 그것은 진실이 아니라는 것을. 편한 선택, 안전한 길을 좇으면 최소한 넘어지지 않을 거라 믿고 싶겠지만, 그 생각이 거짓이라는 것을 깨닫는 데는 그리 오랜 시간이 걸리지 않는다.

나중에 치운다며 몇 일째 바닥에 뒹굴고 있는 옷가지들, 이것만 보고 하겠다던 설거지는 새 그릇이 없을 때까지 쌓여있다. 심지어 요일이 지나 버리지 못한 쓰레기 더미 사이에서 잠을 청하기도 한다. (우리는 그런 상태를 청소가 안 된 상태라 부르기로 했다). 집 안에 쓰레기가 쌓이고 악취가 나도 '나는 괜찮다', '곧 치울 거니 나는 문제없다'라고 하는 사람들이 너무 많다.

물론 인간이라면 누구라도 게으름의 시절을 겪는다. 하지만 시간이 지나면서 인생에는 어느 정도의 질서가 반드시 필요하다는 것을 깨닫는다. 과거에 잘못된 것들을 알아차리고 반성하여 갈수록 더 나은 선택을 하려고 애써야 한다. 그렇게 사는 사람이 책임감 있는 어른이다.

결국 어른은 불편한 선택을 기꺼이 견뎌내는 사람인 것 같다. 어른이라고 해서 덜 놀고 싶고 덜 자고 싶지 않을 테니까. 그저 지켜야 할 사람들의 얼굴을 떠올리며 마땅히 짊어질 책임의 무게를 감당하기를 선택할 뿐이다. 합리화라는 사탕으로 나를 자주 속이면 결국 나는 '어른 아이'로 자랄 수밖에 없다는 것을 명심하자. 츄릅.

핑계도 습관이다

"그럼, 가장 작은 것부터 하나씩 바꿔 볼까요? 아침에 하루 10분씩 일찍 일어나는 거 어떠세요?"
"아, 죄송한데 제가 아침잠이 많아서…. 푹 못 자면 너무 피곤해서 일상생활이 안 되더라고요…."
"아, 그럴 수 있죠. 그럼 오전 시간에 5분 걷기부터 해 볼까요?"
"아, 제가 무릎이 안 좋아서…."
"그러시구나…. 그럼 매일 1페이지 독서하는 건 어떠세요?"
"근데 제가 지금 백수라 책 살 돈이 없어요…."

나는 잊고 있던 욕들이 목젖을 넘어오려는 것을 겨우 참았다. 그날 개별 미션을 주었지만, 당연히 그는 연락이 없었다. 그에게는 그저 '아무것도 하지 않아도 괜찮다'라는 위로가 필요했나 보다. 당연히 그럴 수 있다. 누구에게나 그런 시기가 있으니까.

하지만 핑계 대는 습관이 너무 오래 지속되면 자기도 모르게 몸에 배어 버린다. 그러면 위로가 필요하다고 생각하는 때가 지나가지 않고 계속 머무른다. 내게만 비를 내리는 국지성 호우의 먹구름처럼. 그러면 시간이 갈수록 두려움은 커지고, 상황을 탓하게 되며 세상으로부터 숨어들어야만 살아남을 수 있다는 착각에 빠진다.

핑계는 나의 가능성을 작게 만드는 곰팡이다. 눈에 잘 보이지 않지만, 놔두면 걷잡을 수 없이 번져 버려 벽지 전체를 다 바꾸지 않고서는 답이 없게 만드는. 인생은 벽지 갈이처럼 간단히 다시 시작할 수 없다. 내 모든 습관과 선택이 흔적과 경험으로 내 몸에, 내 기억에, 내 사람에게 각인되어 사라지지 않는다.

핑계 대신 방법을 찾자. 아주 작은 것이라도 괜찮다. 아침잠이 많다면 하루 5분씩이라도 일찍 일어나 보자. 다리가 아파 걷기 힘들다면 밖에 나가 가만히 햇볕을 5분이라도 쬐고 들어오자. 돈이 없어 책을 읽지 못한다면 무료로 책을 볼 수 있는 방법을 찾아보자. 삶은 원래 수동태일 때 고통이고 능동태일 때 선물이다.

내 인생의 재미를 모르면

나는 진로상담을 하면서 "요즘 뭐가 제일 재미있으세요?"라는 질문을 빼놓지 않고 하는 편이다. 그저 트렌드가 궁금해서가 아니다. 그 재미가 본인의 것인지, 남의 것인지를 알기 위한 질문이다.

내 인생에 나만의 재미가 없으면 남의 것에 재미를 느끼게 되어 있다. 그래서 많은 사람이 요즘 다른 사람들은 어디에 재미를 느끼는지에 더 관심을 두고 산다. 그러다 보면 빠르게 바뀌는 트렌드에 뒤처지지 않으려 발버둥 치다 하루가 다 지나버린다.

남의 재미와 행복은 절대 내 것과 같지 않다. '여행을 가면 행복하다'만큼 상대적 행복을 대표하는 문장도 없다. 누군가는 여행지를 알아보는 순간부터 행복을 누리고, 누군가는 여행지에서 한 번도 해보지 않았던 경험을 할 때만 행복하다고 한다. 또 누군가는 실제 경험보다 멋진 사진을 찍어 온라인 친구들에게 자랑

핑계보다 방법을 찾는 사람

해야만 행복하다고 말한다.

나만의 재미가 있어야 한다. 많은 사람이 함께하지 않아도 되고 큰돈이 필요하지 않은 것일수록 좋다. 요즘 내 재미는 헌책방에 가서 이런저런 메모가 적힌 헌 책을 구입하는 것이다. 최소 20년은 되어 보이는 그 메모에 댓글처럼 내 생각 몇 자를 적어 놓을 때 아날로그적 감성을 채워주는 행복을 누린다. 그리고 댓글 메모가 한 권이 다 완성되면 가르치는 학생들이나 지인에게 선물한다. 마치 행운의 메모처럼 서로 모르는 사람들의 생각의 꼬리가 이어지는 것이 꽤 재밌다.

남이 나의 재미를 이해하지 못해도 상관없다. 그저 내가 그것에 진정으로 재미를 느낄 수 있으면 충분하다. 이런 사소한 재미가 많아야 한다. 그래야 인생의 치열한 시간을 잘 견뎌낼 수 있다. 나아가 종종 마주하는 삶의 허무함 같은 것들을 잘 다스릴 수 있게 된다.

떡튀순

"아, 너무 배고픈데? 너 얼마 있어?"
교복 입은 '포차코' 같은 학생 넷이 분식집 앞에 등장했다. 역시 맛집은 세대를 뛰어넘나 보다. 사실 여기는 내가 중학생 때부터 다니던 떡볶이집이다. 데리고 온 딸아이도 "오, 여기 진짜 맛집인가 봐…"라며 속삭였다. 왠지 어깨에 힘이 들어가는 게 괜히 기분이 좋았다.

나는 떡볶이! 나는 튀김! 나는 순대! 각자 먹고 싶은 걸 실컷 말한 포차코들은 좁은 가게 안에 옹기종기 자리를 잡았다. 오랜만에 추억에 잠겨 오물오물 따듯한 떡볶이와 어묵 국물에 몸을 녹이고 있는데 학생 한 명이 가게 밖으로 헐레벌떡 뛰어나오며 외쳤다.
"이모!! 저희 순대는 취소요! 죄송해요!"

학생의 복잡 미묘한 표정에 나는 자리를 조금 옮겨 그들의 대화를 조금 더 경청했다. 들릴 듯 말 듯 '아~

순대도 먹고 싶은데…'라는 말이 들려왔다. 순간 내가 중학생일 때, 얼굴도 잘 기억나지 않는 한 아저씨가 스치듯 떠올랐다. '아, 맞다…'

그날은 비가 억수같이 내렸다. 준비성 없이 살던 때라 모두가 가진 우산조차 내게는 없었다. 비를 피하려고 이 떡볶이집 처마에 잠시 들어섰다. 아주머니께 양해를 구하고 비가 잠잠해질 때까지만 있겠다고 했다. 할 일 없이 비가 그치기를 기다리는데 코끝으로 느껴지는 떡튀순의 냄새. 아닌 척하고 싶었지만, 자꾸만 고개는 떡볶이 쪽으로 기울어졌다.

말없이 점잖게 어묵 국물을 드시던 아저씨가 대뜸 "이모~ 저 학생한테 떡볶이 1인분만 주세요. 계산은 제가 할게요~"라며 돈을 건넨다. 그리고 내게 살짝 다가와 한 번도 써본 적 없는 긴 검은 장우산을 내밀었다. "쓰고 가요~" 대꾸할 틈도 없이 아저씨는 빗속으로 사라졌다. 아무리 머리를 굴려봐도 분명 모르는 사람이었다. 왜 일면식도 없는 내게 친절을 베풀었는지 아직도 모를 일이다. 유일하게 기억에 남아있는 건 중후하고 기분 좋은 남자 향수 정도다. 기억을 더듬어 나는 그 향수와 가장 비슷한 향기의 향수를 쓰는 것으로 그 분께 감사의 마음을 전하며 산다.

그 시절 기억이 떠오른 나는 이때다 싶었다. 그래서 자신 있게 그토록 하고 싶었던 대사를 입에 올렸다. "이모님! 저기 안에 있는 학생들 거 제가 계산할게요. 그리고 순대도 하나 시켜주세요!" 순대를 자르던 이모와 떡볶이를 입안 가득 넣고 있던 딸아이는 약속이나 한 듯 내 쪽으로 고개를 휙 돌리며 동시에 눈이 동그래졌다. 딸과 눈을 마주치며 씩 웃어주니 녀석은 내게 엄지를 치켜 들어 보였다.

계산하고 나가려는 찰나 뒤늦게 소식을 전해 들었는지 학생들이 가게 밖으로 우다다다 뛰어나왔다. 그리고는 "너무 감사합니다", "잘 먹겠습니다!"라며 연신 인사를 건넸다. "네, 맛있게 든든히 먹어요!" 모이를 쪼는 닭들처럼 6명이 동시에 고개 숙여 서로 인사하는 모습을 주인아주머니는 흐뭇하게 지켜보셨다.

차를 타고 집으로 돌아오는 길에 내 중학교 시절의 아저씨 이야기를 딸아이에게 해주었다. 그랬더니 녀석은 "세상에 멋진 사람들 참 많네…"라며 너스레를 떤다. 오늘은 오랜 빚을 갚은 날이라 잠이 더 잘 올 것 같다.

핑계보다 방법을 찾는 사람

진정으로 성공한 삶이란

지극히 주관적이어야 하지만 가장 많은 보편성의 오류를 지닌 단어가 바로 '성공'이 아닐까 싶다. 많은 사람이 성공에 대한 자기만의 정의와 사회적 정의를 혼동하며 살아가기 때문이다.

남들 눈에 성공한 듯 보이지만 스스로 불행하다고 생각하며 사는 것만큼 비참한 것이 없다. 타인의 기대 때문에 불행을 행복으로 포장하기 때문이다. 그러니 진정한 성공의 의미를 스스로 정립해 둘 필요가 있다. 자기 행복도 기준으로 성공을 정의하는 사람들의 몇 가지 노하우를 소개한다.

첫째, 만족하는 법을 배우면 쉽게 행복해진다.
작고 사소한 것에 만족할 줄 알면 삶에 대한 기대치가 낮아진다. 이것은 곧 작고 사소한 행복을 누릴 줄 아는 관점이 생기는 것을 의미한다. 지나가는 고양이의 멍청한 손짓에도 깔깔 웃을 줄 알아야 한다. 행복할 줄 아는 사람은 자주 행복해 본 사람이다.

둘째, 성공의 척도를 부의 축적이 아닌 자유에 둬라. 진로 수업을 하면서 학생들에게 '돈과 시간이 충분하다면 무엇을 하고 싶나요?'라는 질문을 자주 던진다. 이 질문에 대한 답이 결국 당신이 정말로 하고 싶은 것을 말한다. 돈과 시간이 충분하지 않아도 용기 있게 그것을 선택하다 보면 결국 그 길에 들어서게 된다. '부'는 시간과 선택의 자유를 얻기 위한 도구일 뿐이라는 것을 잊지 말자. 정말로 중요한 것은 무언가를 하지 않을 자유다.

셋째, 진정한 실력은 복리로 늘어난다.
정말 단순하지만, 많은 사람이 지키지 못하는 진로 법칙이 있다. 바로 '한 분야에서, 치열하게, 오래 하는 것'이다. 이 세 가지 조건을 만족시킨다면 누구나 한 분야의 전문가로 살아갈 수 있다. 지속된 경험은 복리로 축적되어 급상승 구간을 반드시 만나기 때문이다. 그때부터는 경쟁자가 없어 자신만의 길을 개척하기에 더 유리한 상황들이 펼쳐진다. 가면 갈수록 유리해지니 곧 복리로 늘어나는 실력을 누릴 수 있을 것이다.

넷째, 경험과 지식을 마음껏 공유하라.
이타적으로 기여하는 것만큼 당신의 삶을 가치 있게 만드는 게 없다. 물질적 기부는 단발성으로 끝나지만, 경험과 지식의 공유는 사람 자체를 바꿔내는 일이다. 진심으로 누군가를 돕다 보면 가르침이 곧 가장 효과적인 자기 공부라는 것을 깨닫게 될 것이다. 대가를 바라지 않고 진심으로 사람들을 도와라. 그 과정에서 정말로 필요한 것을 배울 기회가 있다.

과한 상상력은 불안을 키운다

인생의 많은 문제를 만날 때마다 다른 사람에게 조언을 구하는 사람들이 있다. 이들은 가까운 사람들로 시작해 인터넷 커뮤니티의 댓글에서까지 조언을 구한다. 안타깝게도 나의 문제에 대해 정확한 진단과 해결책을 도출할 수 있는 사람은 그리 많지 않다.

하지만 엄밀히 말하면 그것을 해낼 수 있는 사람도 나 자신 뿐이다. 관계, 돈, 이성 등 문제의 형태는 비슷해 보여도 본질적 문제의 성질이 사람마다 다 다르기 때문이다. 그래서 너무 많은 조언을 구하다 보면 되려 생각이 엉킨다. 오히려 더 막막해져 불안을 키운다. 이런저런 안 되는 이유가 많은 조언과 함께 들러붙어 머릿속으로 안 되는 이유가 더욱 선명해져 간다. 이렇게 안 되는 이유의 출발은 상상이었지만 그것으로 느끼는 불안과 공포는 실존하게 되는 것이다.

이러한 불안의 굴레를 벗어나는 유일한 방법이 있다. 바로 삶을 간결하게 만들고 하나에 집중하는 시간인 '몰입'을 습관화하는 것이다. 불안은 너무 많은 선택지가 존재해서 선택하지 않은 길에 대한 기회비용 때문에 곱절이 되는 식으로 덩치를 키운다. 그러니 선택지를 줄이고 일렬로 세워 하나씩 순차적으로 선택해 보며 자기만의 확률을 높여가는 과정이 필요하다. 그것이 바로 한 번에 하나의 문제만을 골똘하게 고민하는 과정, 곧 '몰입(Flow)'이다.

삶의 중요한 문제에 관해 결정하는 시기일수록 나를 가장 잘 아는 사람에게만 조언을 구하길 바란다. 그리고 언젠가는 조언을 구하는 대상이 다른 그 누군가가 아닌 여러분 자신이길.

저는 금수저입니다

"넉넉하게 해라."
어머니는 김장철마다 가족의 머릿수보다 몇 배나 많은 김치를 담으셨다. 그리고 늘 이웃들을 직접 찾아가 냉장고 안에 몇 포기씩 채워주고 나서야 편히 주무시는 분이셨다.

어린 나는 심부름을 하면서도 불편한 마음을 지울 수가 없었다. 우리 집에도 정말 돈이 없었기 때문이었다. 나는 그 돈을 아껴 우리 집 보일러부터 고치는 게 먼저라고 여겼다. 빚내서 김장김치를 담아 이웃에게 나눠주던 어머니의 모습이 나를 이타적인 사람으로 이끌었다는 것을 시간이 지나고 알았다.

가난은 소유가 많고 적음을 말하는 것이 아니었다. 오히려 가난은 사랑이 많고 적은 가의 문제다. 진정으로 가난한 사람은 사랑이 메말라 버린 사람이다. 양손에 떡이 들려 있는데도 배고파 쓰러져 가는 사람에게서 고개를 돌리는 것이 진짜 가난이다. 부자는 많은 것을 소유한 사람이 아니라, 지금 가진 것을 부족한 사람에게서 나눌 수 있는 사람이다.

이런 맥락에서 나는 금수저다. 훌륭하신 부모님 덕에 내 안에 누군가를 사랑으로 보살피고자 하는 마음이 가득하기 때문이다. 주어진 시간 동안 사랑을 베풀 기회를 놓치지 말자. 금수저답게.

사람을 이해하는 힘

나는 소리에 굉장히 민감하다. 그래서 시끄러운 곳에 오래 머물지 못한다. 좋아하는 장소와 시끄러운 아저씨의 목소리가 뒤섞이는 날이면 종일 짜증이 밀려온다. 그래서 노이즈캔슬링이 되는 헤드폰을 만났을 때 눈물이 날 정도로 감격했다. 풍경만 남기고 여러 소음을 좋아하는 재즈 음악으로 바꾸는 것이 얼마나 가슴 벅찬 일인지를 친구에게 설파한 날, 녀석은 이런 말을 남겼다.

"난 저 아저씨들을 보면 시끄러운 공사 현장에서 일하셨기 때문에 귀가 안 좋으시겠다, 그래서 자기가 얼마나 큰 목소리로 말씀하시는지 모를 수도 있겠다, 그런 분이 이런 카페에서 잠시 쉬다 가셔서 다행이다, 이런 생각이 먼저 드는데?"

아차. 생각해 보니 돌아가신 녀석의 아버지도 공사장 인부의 삶을 사셨다. 들뜬 마음에 그만 실언하고야

말았다. 누군가의 추억일 수도 있는 것을 나는 너무 쉽게 일반화했었다. 아직도 한참 모자란 내 모습에 입술을 깨문다. 사람이 다른 사람을 온전히 이해한다는 것이 이렇게나 어렵다. 그날 저녁, '많이 배웠다'라는 말과 함께 혹시나 내가 했던 말들 때문에 불편한 것들이 있었다면 사과한다는 문자를 남겼다. 돌아온 답장. 녀석은 자정에도 멋있다. 쳇.

"괜찮아. 그럴 수도 있지."

나를 챙겨야 할 때와 일해야 할 때를 구분해

'인생은 타이밍'이라는 말에 너무 동의한다. 이 말이 오래도록 명언일 수 있는 이유는 생각보다 타이밍에 맞게 행동하며 사는 게 쉽지 않기 때문이다. 그래서 나를 챙겨야 할 때 죽어라고 일하고, 열심히 일해서 성과를 내야 할 때 내 마음을 아무도 몰라준다며 울면서 술친구를 찾는다. 하지만 일보다 마음만을 먼저 챙기면 언젠가 내 책상이 없어질 수도 있다.

반 박자 빨라야 한다. 아직 감정적으로 힘들지 않고 어떤 일이 생기지 않았어도 미리 나를 돌보는 시간을 가져야 하는 것이다. 에너지가 차고 넘쳐 밤을 지새우면서 무언가를 하고 싶어도 참을 줄 알아야 한다. 의지를 가지고 쉬는 것이 진정한 지혜다.

반대로 아무것도 할 수 없을 것 같을 때, 회사를 때려치우고 산속에 틀어박혀서 살고 싶다는 마음이 차오를 때, 오히려 그럴 때는 단 것을 배부를 때까지 입에 넣어라. 그리고 졸리면 자라. 그런 다음에는 반드시 해야 할 일 중에 가장 간단하고 쉬운 것 한 가지를 선택하고 바로 해버려라. 완전하지 않아도 괜찮다. 완성이 목적이 아니라 '열심의 재시동'이 목적이다.

늘 그렇듯 치료보다 예방이 좋다. 아프기 전에 나를 챙기고, 잘리기 전에 열심히 하자.

학생과 직장인의 결정적인 차이

많은 멘티가 학생 때 진로 수업을 듣고 직장인이 된다. 학생의 껍질을 벗어던지듯 변태의 과정을 겪어야 하는데 그 과도기 때에 겪는 혼란스러움이 꽤 많다.

팀별 과제와 협업이 다르고 학우와 직장동료가 완전히 다르다는 것을 미처 깨닫지 못한다. 학생 때는 적게 공부하고 많이 하는 척하는 것이 이롭다. 용돈도 생기고 관심도 생기니까 좋다. 하지만 직장인이 되면 뭘 아는 척, 할 줄 아는 척하면 안 된다. 많이 알고 일을 잘 해내면 돈을 많이 주기보다 오히려 일을 더 많이 준다. 그러니 알아도 모른 척, 할 줄 알아도 못하는 척하는 것이 이롭다.

안타깝게도 여기까지만 알고 있다면 당신은 '꿈', '진짜 인생', '삶의 의미'와 같은 단어들과 멀어져 살아갈 가능성이 높다. 편하게 먹고 사는 게 가장 중요하다면 여기서 글을 그만 읽어도 좋다.

면밀히 보면 그다음 단계가 있다. 바로 '할 줄 아는 것을 계속 늘려가고 천천히 공개하는 단계'다. 기억하자. 아니, 메모하자. 직장은 '돈 받고 다니는 대학'이다. 누구나 알듯, 학생이 학점만을 위해 공부한다면 그것은 껍데기를 치장하는 것과 다름없다. 진짜 그 분야의 전문가로 살고 싶다면 '진짜 공부'를 시작해야 한다. 그 진짜 공부가 시작되는 곳이 바로 직장이다.

누가 시키지 않아도 아침저녁으로 시간과 노력을 들여 나머지 공부로 '내 영역'을 파고들어야 한다. 여기서 중요한 것이 이런 과정과 결과를 회사에 바로 알리지 않아야 한다는 점이다. 회사는 늘 평가가 따르는 곳이다. 그러니 못 하는 걸 할 줄 안다고 하면 언젠가 들키게 되고, 처음부터 내 역량의 전부를 드러내면 그다음 해엔 보여줄 게 없어서 얼마 가지 않아 저평가를 받게 된다. 대부분 이 순간이 두려워서 번아웃을 감수하고 야근에 매달리는 것이다.

이제는 성실하게, 열심히만 일하지 말고, 영리하게 일해야 한다. 그러니 지금 내가 속해 있는 회사의 수준과 평가 기준을 정확히 파악하는 것이 우선이다. 그다음 늘 그 회사의 기준보다 +1만 공개하자. 매달 조금씩 아주 미세하게 회사가 나를 알아가게 하자. 그렇게 속도를 조절해서 성과를 내면 그들 눈에 당신은 늘 성장하는 사람으로 비쳐 평가가 좋을 수밖에 없다.

대신 이것 또한 언젠가는 바닥이 드러난다. 그러니 나의 것을 드러내는 속도보다 쌓이는 속도가 조금 더 빠를 수 있게 '진짜 공부'가 동반되어야 한다. 이때부터가 실전이다. 진정으로 '나 자신'을 위해 공부하는 것이니 저녁에 놀러 가지 못한다고 억울해할 필요 없다.

회사의 기준보다 많은 것을 쌓아둔 사람이 누리는 휴식을 '욜로', '워라밸'이라 한다. 그 전에 누리는 것은 어려운 현실을 직면하기 싫어 그저 고개 돌려버리는 '회피'에 지나지 않는다. 마치 일단 쓰고 보자는 방식의 카드 빚처럼 자격 없지만 미리 놀아 두는 인생 같은 것이다. 진짜 인생을 살려면 결국 '진짜 나만의 공부'를 해야만 한다. 이것만큼은 절대로 바뀌지 않는 불문율이다.

노력 앞에 정직하라. 평가 앞에 겸허하라. 삶의 모든 순간에 정성을 다하라. 이것이 남에게 보여주기 위한 인생에서 나 자신을 사랑하며 살아가는 인생으로 나아가는 유일한 길이다. 미리 말해두지만, 지름길 같은 건 없다. 정신 차리자.

책 읽어도 삶이 변하지 않는다면

미라클 모닝, 독서 모임 등 자기 계발 콘텐츠에 많은 사람이 몰려드는 것은 환영할 만하다. 하지만 걱정되는 부분도 있다. 좋은 책을 추천해 주는 콘텐츠는 많지만, 책을 '어떻게' 읽어야 하는지 알려주는 콘텐츠가 비교적 적다는 점이다.

그럴 수밖에 없는 이유는 책을 '어떻게' 읽어야 하는지는 결코 몇 장의 사진으로 전달할 수 없는 내용이기 때문이다. 독서의 방법에는 독자의 독서 목적, 배경지식의 정도, 적용 방법이나 해석으로의 전환 빈도 등이 변수로 작용해야 하니까.

그래서 많은 사람이 '일단 읽자. 안 읽는 것보다 낫겠지….'라는 마음으로 책을 읽는다. 그러다 독서해도 삶에서 근본적인 변화가 일어나지 않아, 다시 이전의 책을 읽지 않는 시절로 돌아간다. 그리고 주변 사람들에게 말한다. "내가 책 읽어봤는데, 소용없더라…."

핑계보다 방법을 찾는 사람

우리의 독서가 곧 '삶이 변하는 분기점'이 되려면, 책 중심이 아니라 '독자 중심'의 독서를 배워야 한다. 작가가 어떤 멋진 말을 써놓아도 나에게 와닿지 않는다면 무용지물이다. 변화에 초점을 맞추지 않고 읽는 독서는 휘발되기가 쉽다. 다시 한번 기억해 두자. 독서하는 이유는 단순히 읽기 위해서가 아니라 예전보다 나은 방향으로 삶이 변하기 위해서다.

이 부분을 이해하지 못하면 대부분의 독서가 정보를 습득하는 수준에 머무르게 된다. 알다시피 인간은 더 이상 무언가를 외우지 않아도 된다. Chat GPT와 같은 AI 기술이 우리가 궁금한 정보의 거의 모든 것을 대답해 준다. 그러니 이제부터 인간이 해야 하는 것은 알맞은 순간에 적절한 질문을 던지는 것이다.

적절한 질문은 오로지 자기 자신과 자신이 속해 있는 세상에 대한 깊은 성찰에서만 탄생한다. 나를 알고 내가 속해 있는 세상이 무엇을 원하는 시대인지를 아는 것, 그리고 이 둘을 가장 나다운 방식으로 표현하는 것. 이것이 우리가 해야 하는 전부다.

그래서 독서는 '무엇을 읽을 것인가?'가 아니라 '어떻게 나답게 읽을 것인가?'에 대한 답을 찾는 과정이어야 한다. 이를 위해서 필요한 과정이 바로 '목적 문장 독서'이다. 한 권의 책을 잡을 때 지금 어떤 목적을 가지고 독서를 하는지를 작은 메모지에 적고, 모든 페이지마다 그것을 번갈아 보며 읽는 것이다. 목적에 맞지 않는 문장들은 과감하게 뛰어넘고, 목적에 맞는 문장들에는 밑줄과 함께 짧은 내 생각을 적어 둔다. 그렇게 한 권을 손쉽게 완독하고 나면 이제는 다시 밑줄 그어진 부분만 다시 한번 읽으며 사색에 잠기는 것이다.

이 작업이 선행되지 않으면 분명 독서는 잡힐 듯 잡히지 않는 신기루가 될 뿐이다. 아쉽게도 나는 이런 일련의 과정을 누군가 알려주지 않았기 때문에 여기까지 이해하는 데 10년이라는 세월이 필요했다. 하지만 지금이라도 책을 어떻게 나답게 읽어내야 하는지 알고 살아간다는 데 감사하고 있다.

부지런해지지 말고, 영리해지자.

열심의 방향을 찾고 싶다면

"열심히 살고 싶은데, 이 열심을 어디에 어떤 형태로 쏟아야 할지를 모르겠어요…."
의외로 많은 청년의 입을 통해 전해 듣는 말이다. 이제 남은 건 '내 삶에 그것을 어떻게 녹여내는가?'인데 여기서 꽤 오랜 정체기를 겪는 청춘들이 많은 것 같다.

의욕이 있는데 방향을 모를 때만큼 답답한 게 없다. 그래서 이 에너지를 발산할 무언가를 자꾸 찾아낸다. 그래서 유튜브, 게임, 술, 음란물, 미디어, 관계 등에 빠져 '열심의 에너지'를 모두 발산할 정도로 바쁘게 산다. 바쁘게 사는 모습에 주변에서 '열심히 산다'라는 칭찬도 종종 듣는다. '내가 열심을 내고 싶은 건 이게 아닌데….'

하지만 결국 자기의 현실을 마주해야 하는 시간이 오고서야 깨닫는다. 그것은 '바쁨'에 속아 '열심히 살고 있다'고 생각하게 하는 가짜 열심이라는 것을. 사실은 방향을 제대로 알지 못하지만, 일단 뭐라도 해보자는 생각으로 시작한 불안이었음을 마주하게 된다. 딱 여기까지다. 개인이 진로를 발견하기 위해 해볼 수 있는 열심의 최대치는.

다음 단계로 넘어가 실증적인 방법을 몸에 녹여 내기 위해서는 새로운 인풋(in-put)이 필요하다. 완전히 새로운 방식의 배움이 필요한 것이다. 다시 말해 이때부터 내가 알고 있는 모든 관념과 방법들을 내려놓고 새로운 성장 방법을 받아들여야 하는 시기다.

점수를 높이기 위한 공부에서 생각하는 공부로, 읽기만 하던 독서에서 사색하는 독서로 바뀌어야 하는 시기가 온 것이다. 애석하게도 이것은 우리가 익히 알고 있는 학습과 그 결이 다르다. 그래서 쉽지 않다. 성장 또한 '변화'의 과정인데, 인간은 성장하고 싶어 하면서 변하기는 싫어하는 알 수 없는 동물이기 때문이다. 그래서 성장하고 싶다고 외치면서도 몸은 여전히 소파 위에 누워있고 싶어 한다.

곧 말과 행동의 괴리감을 느끼며 '나는 이 정도도 해내지 못하는 사람인가?' 같은 자조적인 생각과 싸워

이겨내야 하는 단계가 시작된 것이다. 안타깝게도 이 시기를 이겨내는 청춘들이 절반도 채 되지 않는 것 같다. 심지어 대부분 다시 '쉽게 칭찬받을 수 있는 환경'을 찾아 떠난다. 기어코 잠든 친구 놈을 불러내서는 그의 입을 빌려 "잘하고 있다."라는 위로를 들어야 안심이 되나 보다.

나는 무엇보다 '위로가 필요한 시기'와 '방법이 필요한 시기'를 구분할 필요가 있다고 본다. 이 모든 시기에 밥을 사주며 한 인생을 위로할 수도 있다. 하지만 이것은 진통제가 필요한 환자의 이마에 밴드만 붙여주는 격이다. 진단하고 결과를 알려주고 그것을 해결해 낼 방법을 모색하는 과정이 필요하다는 말이다.

부족한 것은 배우고, 없는 것은 채워가자. 결국은 해내는 사람이 되자. 그런 성취 경험들이 쌓이다 보면 그토록 찾고 싶었던 열심의 꼭짓점이 어느새 눈앞에 드러나 있을 것이다.

아무것도 안 하는 시간이란 없다

요즘 "뭐하면서 지내요?"라고 물으면 꽤 높은 확률로 "아무것도 안 하고 있어요…."라는 대답을 듣는다. 인생의 중요한 선택의 갈림길 앞에서 우물쭈물하는 시간이거나 일단 머리가 아프니 좀 쉬면서 선택을 미루는 시간이라나.

미안하지만, 아니다. 선택하지 않는 것도 당신의 선택이고 선택을 미루는 것 또한 당신의 선택이다. 아침에 조금 더 잠들기를 선택했기 때문에 오전 시간이 순식간에 사라졌고, 머리를 식힌다며 몇 시간이나 유튜브를 보기로 선택했기 때문에 이미 저녁인 것이며, 스트레스받는다며 야식을 먹는 선택을 했기 때문에 살이 찌는 것이다.

그런 의미로 이 세상에 아무것도 선택하지 않는 사람이란 존재하지 않는다. 그저 나쁜 선택을 계속하면서 기적처럼 상황이 갑자기 좋아지기를 희망하는 어리석은 사람만 존재할 뿐이다.

이렇게 계속 무섭다고 두렵다고 쉬운 선택만을 고집하다 보면 언젠가 골방에 갇혀 남 탓, 세상 탓만 하는 '키보드 워리어'로 전락할지도 모른다. 아주 작게라도 좋으니 나쁜 선택에서 멀어지는 좋은 선택을 연습하자.

아침에 깨고 밤에 잠들자. 때에 맞게 밥을 먹고 햇볕을 자주 쬐자. 물을 마시고 적당히 운동하자. 그리고 정신이 아주 말짱한 상태를 지속할 힘을 기르자. 그 평범한 상태가 지속될 힘이 있어야 중요한 선택 앞에 제대로 결정할 수 있는 사람이 된다.

작게 시작하세요

지하철에서의 3분 책 읽기도 독서다.
잠옷 바람으로 하는 스쾃 5개도 운동이다.
낙서하듯 쓴 2줄 글도 글쓰기다.

커피 한 잔 마시는 시간만큼 잠시 멈춰서
나를 돌아보는 생각도 성찰이다.

고민이 길어지면
행동이 늘어진다.

완벽주의를 버리고
완료주의를 갖추자.

마침표를 자주 찍어봐야
느낌표를 찍는 날이 온다.

천국과 지옥

"애초에 출발선이 달라서 너무 자괴감이 든다."라는 식의 푸념을 자주 듣는다. 나는 얼마나 힘들었으면 소파에 누워 그런 생각이나 하면서 자빠졌을까 싶다가도 종종 그들에게 필요한 말을 해준다. 원래 천국으로 가는 길은 지옥 같고 지옥으로 가는 길은 천국 같은 법이라고.

지옥 같은 공부의 시간, 혼자만의 치열한 노력의 시절을 보낸 사람에게는 점점 좋아질 일만 남았다. 결과에 상관없이 태도, 인성, 노력에 근육이 붙었기 때문에 결국에는 자기만의 무엇을 해내는 인생이 된다.

하지만 일찍이 천국 같은 향락의 시간, 즐거움의 시간만을 보낸 사람에게는 시간이 갈수록 기회가 줄어드는 법이다. 하기 싫어도 해야만 하는 일이 점점 늘어날 것이고 삶의 여러 결정권이 내가 아니라 내게 월급 주는 사람, 나를 평가하는 사람에게 넘어가게 된다.

세상이 어찌나 공평한지. 우리는 모두 천국과 지옥의 예고편을 경험하며 산다. 어떤 순서로 무엇을 더 오래 누릴지는 당신의 선택이다.

문제를 대하는 방식

"왜 저에게만 이런 안 좋은 일이 벌어질까요?"
눈물을 뚝뚝 흘리는 그를 위해 나는 대답 대신 휴지를 내밀었다. 그러고는 그의 호흡이 안정될 때까지 말없이 뜨거운 차를 호호 불며 기다려 주었다. 이런저런 넋두리를 늘어놓던 그는 크게 한숨을 내쉬더니 그제야 고개를 들어 나를 쳐다봤다. 이야기를 들어보니 무려 한두 달 사이에 연체된 대출이자, 부모님의 불화, 아르바이트했던 카페에서의 임금 체불, 여자친구와의 이별 등이 한꺼번에 벌어진 상황이었다.

"어느 하나 ○○씨가 잘못해서 벌어진 일은 하나도 없네요…." 나는 그의 이야기를 요약해서 적어놓은 노트를 보며 천천히 말을 이어갔다.

"○○씨의 고민이 가볍다는 게 아니에요. 그저 누구에게나 벌어질 수 있는 일이 벌어진 것이라는 거죠. 방식과 경중은 다 다를 수 있겠지만 모두가 그런 문제들을 안고 살아가요. 그러니 삶의 문제들을 없애려 하지 말고 그 문제들을 대하는 방식을 바꾸는 데 초점을 맞춰야 해요. 자~ 여기 종이에 저랑 같이 적어 봐요."

우리는 벌어졌던 모든 나쁜 일을 종이 한쪽에 나열하듯 적었다. 그리고 다른 한쪽에는 그 나쁜 일들의 시작과 과정, 결과 속에서 그럼에도 감사할 수 있는 것과 잘 해내고 있는 것, 앞으로 나아질 것들을 하나 이상씩 적어보았다. 적고 보니 둘 다 그 내용들에 공감할 수 있었다.

대출이자는 처음으로 한 번 연체된 것이라 사유서를 작성해서 금융기관에 제출하면 신용도에 영향을 주지 않을 수 있다. 또 요즘은 노동청 민원이 잘 되어 있어 10분 정도의 문서 작성을 하면 카페 아르바이트비는 당연히 받을 수 있다. 부모님의 불화는 부모님의 문제니, 모두가 성인이 된 지금은 적절한 거리를 둬야 한다고 판단할 수 있었고, 명품 선물 받는 것을 당연하게 여긴 여자 친구와의 이별은 사람 보는 눈을 키울 수 있는 좋은 계기가 된 것으로 정리했다.

모든 안 좋은 일들 속에도 분명 좋은 것들이 숨어 있

다. 반대로 모든 좋은 일 속에도 아쉬운 일들이 곁들여 있다. 그러니 나에게 좋은 일이 벌어지든 나쁜 일이 벌어지든 그 속에서 좋은 것들을 볼 수 있는 눈을 키워놓으면 나는 늘 좋은 것을 배우는 사람으로 살아갈 수 있다.

문제에 집착하지 말고, 문제를 대하는 냉철한 시각과 긍정적인 태도를 갖추는 데 힘쓰자. 그러면 살아가는 모든 순간이 행복하거나 배우는 순간이 된다.

진실한 칭찬에 익숙해져야 한다

"무슨 일 있어? 오늘 되게 피곤해 보이네…."
"오늘은 스타일이 더 멋지시네요!"

놀랍게도 모두 같은 날 들은 아침 인사다. 무슨 일 있냐고? 없다! 없어! 나는 지금 내가 할 수 있는 최선의 메이크업으로 여기에 왔는데 감히 피곤하냐니? 이렇게 단 몇 초 만에 사람을 침울하게 만드는 재주를 가진 사람들이 생각보다 많다. 늘 "너를 위해서 말해주는 거야~"라고 하지만 사실은 고칠 점을 발견한 너의 날카로운 시각을 드러내고 싶은 거겠지.

"나는 보풀 일어난 옷은 없어 보여서 입기 싫던데….
○○씨는 성격이 무던해서 괜찮은가 봐요?"

이런 게 칭찬일 수가 있나? 그렇다고 하면 나는 없어 보이는 사람이 되고, 아니라고 하면 성격이 예민한 사람이 되는데? 도대체 어떤 인생을 살면 시선이 이

핑계보다 방법을 찾는 사람

렇게 껄끄러울 수 있을까 싶다. 설령 그것이 사실일지라도 굳이 상대방이 기분 나빠할 것 같은 말은 절대로 입에 담지 않아야 한다. 잠깐 예리하고 날카로운 사람이 되려다가 영원히 혼자 살게 될지도 모른다.

반대로 오늘의 스타일을 웃으며 칭찬해 주는 사람의 시선을 들여다 보자. 이런 사람들은 기본적으로 시기, 질투, 비교 의식이 적다. 그래서 '나도 배워야겠다', '그럴 수도 있지'와 같은 사고방식이 깔려 있다. 진실한 칭찬은 넘치는 자존감에서 나온다고 했다. 나를 소중히 여기니 남도 소중하게 생각할 줄 아는 것이다. 그러니 나의 자존감을 높이는 동시에 타인의 자존감도 챙길 수 있는 가장 현명한 방식은 '진실한 칭찬'에 익숙해지는 것이다.

아부가 아닌 진실한 칭찬이 되려면 관찰하고 심사숙고해서 말해야 한다. 말 한마디가 얼마나 무거운 것인지 잘 알기 때문에 단점뿐 아니라 칭찬을 말할 때도 신중하게 한다. 따라서 어떤 그룹에서 칭찬을 자연스럽게 혹은 재치 있게 할 줄 아는 사람이 있다면 그가 그룹 내에서 가장 지능이 높은 사람일 확률이 높다. 어떤 사람에 대해 마음 다해 생각하고 있다는 뜻이며, 때와 상황에 맞게 말로 표현할 줄 안다는 의미이기 때문이다.

이렇게 보면 진실한 칭찬의 말은 내 자존감을 높이고 관찰력을 길러주며 적절한 유머를 갖추게 하고 사회적 지능을 높이며 인간관계까지 건강하게 만든다. 그런 의미에서 투입 대비 가장 큰 효과를 내는 공부가 바로 칭찬 공부가 아닐까.

뱉어 심은 씨앗

퉤 퉤 퉤!
농촌에서 자란 형은 농활에 갈 때마다 먹다 남은 수박씨를 길에 뱉고는 했다. 까탈스러운 여자 후배들이 "아, 뭐예요. 더럽게~"라고 핀잔을 줘도 그 형은 아랑곳하지 않고 "나 지금 농사짓는 중이야!"라며 계속 뱉어냈다. 다음 해가 되었을 때 우리는 그를 존경하게 됐다. 그가 뱉어 놓은 씨앗들이 어느새 줄기를 세우고 열매가 달린 것을 직접 봤기 때문이다.

"원래 농사는 농부가 아니라 자연이 짓는 거야."라는 그의 말이 그제야 조금 더 심오하게 들렸다. 철학과였던 그가 지금은 무슨 일을 하며 사는지 모르지만, 토마토를 한입 베어 문 채 했던 그의 한 마디는 뻣뻣하게 힘주며 살고 있던 후배들에게 큰 위로가 되었다.

그렇다. 누가 뭐라 하든 싹 트일 것은 결국 트이고 꽃

피울 것은 결국 꽃 피울 것이다. 농부가 할 일은 그저 이리저리 많은 씨를 심어 놓는 것. 햇볕과 빗물과 흙 속 수분의 정도까지 모든 것을 미리 걱정할 필요 없다. 때가 되면 해야 할 일을 알게 될 테니 일단은 힘을 빼고 자연스러운 흐름에 맡길 줄도 알아야 한다.

종종 바로 옆에서 도드라지게 줄기를 쑥쑥 뻗어가는 이가 나타날 것이다. 그런데도 나는 나의 속도와 나의 시간을 믿어야 한다. 너무 일찍 싹을 틔우면 배고픈 짐승의 먹이가 되어버릴지도 모른다. 또 너무 늦게 싹을 틔우면 그저 한 줌의 흙으로 돌아갈지도 모른다. 모든 사람은 각자의 때에 맞게 여물고 가장 알맞게 성숙해진다. 무심하게 뱉어 놓은 씨앗조차 열매를 맺는 것처럼.

졸업반이 되었을 때 철학과의 기적을 목격한 동기 녀석 셋은 입안 가득 씨앗들을 담고 농활을 나섰다. 퉤퉤퉤! 퉤퉤퉤! 퉤퉤퉤!

숨바꼭질과 불편한 진실

아이들이 어릴 때 우리 가족은 숨바꼭질을 자주 했다. 자다가 조금만 뒤척여도 서로 발이 엇갈릴 만큼 좁은 집이었지만 아이들과 기어코 방법을 찾아내 숨고 또 숨었다. 숨을만한 곳이 더 이상 마땅치 않다는 걸 알게 되었을 때, 둘째 녀석은 머리만 소파와 벽 사이에 밀어 넣고 엉덩이를 높이 쳐든 채 눈만 질끈 감았다. 그리고 묻는 말에 나머지 셋은 소리를 죽인 채 눈물을 머금고 바닥을 뒹굴며 웃을 수밖에 없었다.

"깜깜해서 하나도 안 보이지?"

요즘 그날의 둘째 녀석처럼 눈 한 번 질끈 감으면 눈앞의 문제들이 싹 다 해결되면 얼마나 좋을까라는 생각을 종종 하게 된다. 해결되는 문제들보다 새로 쌓이는 문제들이 더 많은 것만 같은 시기가 있다. 힘겹게 하나를 해결해서 좀 쉬려고 했더니, 생각지도 못했던 문제 두 개가 나를 기다리고 있을 때는 정말… 눈을 질끈 감아버리고 싶다.

그런 마음의 연속일까. 몸과 마음이 모두 쉬고 싶은 날에는 집에 들어서자마자 소파에 누운 채로 나 대신 유튜브 알고리즘이 생각이라는 것을 대신하게끔 내버려둔다. 그렇게 예능과 영화 소개와 제품 사용 후기 영상들을 몇 시간 동안 보고 나면 속이 시원할 줄 알았다.

하지만 웬걸. 오히려 더 피곤했다. 이제는 눈과 손목도 아프다. '아, 이럴 거면 조금만 볼 걸…' 싶다. 시간은 늦었고 몸은 더 피곤한데 유튜브 화면으로 자극받은 내 동공은 벌써 아침인 줄 안다. 녀석을 달래고 깊이 잠드는 데 또 몇 시간이 걸렸다. 결국 몇 시간 못 잔 상태로 일을 하니 능률이 떨어지고 상사로부터 표정이 왜 그러냐는 핀잔까지 듣고 만다. 이 모든 게 불편한 진실을 마주할 용기 대신 눈을 질끈 감아버리는 선택 때문에 벌어진 일이다. 고개를 돌린다고 눈 앞에 있는 문제가 사라지지 않는다. 오히려 더 다양한 방식으로 나를 짓누른다.

이럴 때는 가장 만만한 녀석을 건드려야 한다. 지금 눈앞에 보이는 문제 중에서 가장 작은 일. 그것 하나만 해결하는 데 초점을 맞춰야 한다. 사람들은 대부분 문제 자체보다 그 문제로 받는 스트레스까지 합친 크기로 그 문제를 받아들인다. 이걸 역이용하는 거다. 큰 문제들 앞에서 가장 작은 것 하나를 해결해보며 '생각보다 별 거 아녔네…'라는 느낌을 자주 맛보는 것이다.

그러다 보면 삶의 거의 모든 문제가 작은 문제들의 집합체라는 것과 문제와 문제는 서로 연결되어 있다는 사실 또한 알게 된다. 예를 들면, 아침에 출근해서 죽도록 일하기 싫은 이유는 내가 밤을 새우고 출근했기 때문이다. 올해 계약 연장을 하지 못한 이유는 상습적인 피곤함 때문에 드러난 내 표정을 상사가 알아차렸기 때문이다. 예전보다 살이 찐 이유는 스트레스를 먹는 거로 풀어 왔기 때문이다. 이렇듯 월요병, 넷플릭스 중독, 계약연장, 피곤함, 다이어트, 잦은 야식 배달 주문은 서로 연결되어 있다.

우리가 할 일은 이런 나쁜 연결고리를 끊어내고 좋은 연결고리를 만드는 것이다. 먼저 배달 앱과 넷플릭스를 삭제해라. 밤 11시가 되면 무슨 일을 하고 있었든 모든 불을 끄고 잠자리에 들어라. 정시보다 30분 정도 일찍 출근해서 오늘 할 일을 미리 챙기는 습관을 들이고, 저녁에는 땀 나는 운동을 주 3회 정도 해라. 별거 아닌 것처럼 보이는 이 루틴을 지켜내는 것이 좋은 연결고리의 시작점이 된다.

좋은 연결고리를 만드는 상태가 유지되고 있으면 그렇게 큰 문제처럼 느껴지던 일들도 그리 어렵지 않게 대처가 가능하다. 문제가 작아진 것이 아니라 내가 커진 것이다. 갈수록 단단한 사람, 튼튼한 사람 되어가자. 내 삶의 모든 연결고리를 좋은 것들로 채워놓자. 당신이 할 수 있는 가장 작은 연결고리는 무엇일까?

핑계보다 방법을 찾는 사람

나의 속도로 깨우쳐도 괜찮다

나는 늘 배우는 것이 느렸다. 다른 아이들이 곱셈과 나누기를 하고 있을 때, 나는 아직 더하기와 빼기에서 버벅댔다. 친구들이 어려운 영어 지문을 독해하고 있을 때도 나는 아직 외우지 못한 영어 단어들을 눈치 보며 외워댔다. 다른 사람 모두가 알고 있는 무언가를 나 혼자 모른다는 기분. 그래서 알게 모르게 친구들이 나를 조금 다르게 대하고 있다는 걸 알아차릴 때까지는 그리 오랜 시간이 걸리지 않았다. 정서적 왕따라고나 할까.

이런 상황이 너무 화가 나서 부모님께 이유를 따져 물은 적이 있다. "저는 왜 이렇게 머리가 나빠요?" 사실 그 누구의 잘못도 아니었지만, 누구라도 탓하고 싶은 심정이었다. 그 때문에 가장 나를 이해해 주는 사람을 찾아 고래고래 분노를 쏟아 냈다. 눈물을 터뜨리며 울부짖는 나를 어머니는 보고 있다가 가만히 끌어안았다.

"미안해 아들… 더 잘해주지 못해서…" 땀 냄새 어린 노가다 장갑을 벗지도 못한 어머니는 그렇게 한참 동안 나를 안아주셨다. 민망한 마음에 밖을 나서는데 거실에서 들어오지도 못하고 현관에 기대어 생각이 많은 표정으로 서 있는 아버지를 보았다. 눈을 마주쳤지만, 말없이 밖으로 나가버렸던 그 시절의 내가 참 밉다.

자식에게 최선을 다하지 않는 부모는 세상에 없다는 사실을, 아이를 키우면서 깨닫는다. 줄 수 있는 모든 것을 주고 있지만 '부족하다'하는 아이의 말이 부모에게 얼마나 큰 상처가 되는지도. 그들은 이런 상처 앞에서 어떻게 그렇게 미소를 지을 수 있었던 것일까.

그래서 나는 요즘 속죄하는 마음으로 살아가고 있다. 택시를 탈 일이 생기면 늘 박카스를 하나 챙긴다. 내릴 때 "아버님, 이거 하나 드세요~"라며 드리면 평생 보지 못했던 내 아버지의 온화한 미소를 그분의 표정에서 본다. 반찬을 사야 할 때가 되면 굳이 먼 시장을 찾고, 편의점에 들러 따뜻한 쌍화탕을 하나 산다. 그리고 그게 무엇이든 필요한 양보다 조금 넉넉하게 산다. 챙겨간 쌍화탕을 드리며 "어머니, 감사해요!"라며 인사를 건네면 나는 5일마다 누군가의 자랑스러운 아들이 된다.

지식보다 사랑을 깨우치는 것이 더 중요하다는 것을 이제라도 깨달아서 참 다행이다. 돈보다 중요한 것이 사람이라는 것을 알게 되어 감사하다. 나보다 남을 위하는 것이 진정으로 나를 위한 것이기도 하다는 것을 지금이라도 깨달아서 기쁘다. 나의 속도에 맞게 깨우쳐도 충분히 괜찮은 삶을 살 수 있다.

주어진 조건 속에서 방법을 찾아라

나는 최근 한 요리 경연 프로그램을 보다가 큰 충격을 받았다. 제작진의 의도인지 아니면 다른 경연자의 계략인지 모르겠으나 유명 셰프가 요리 경연을 시작하는 데 중요한 재료가 자리에 없었다. 나 같았으면 "재료를 제대로 주지 않았으니 이 경연은 무효입니다!!"라며 따지고 들었을 것 같은데 그의 선택은 달랐다. 그는 남은 재료들을 쓱 훑어보더니 머릿속으로 무언가를 계산하는 것 같았다. 그리고 그는 처음에 계획했던 요리가 아닌 전혀 다른 요리를 해서 경연에서 당당히 승리를 차지했다.

그가 진정한 실력자였기 때문에 가능했던 일이었다. 맛을 내는 것에 자신이 있었기 때문에 주어진 조건이 조금 부족해도 상관없었다. 나는 그의 순발력과 대처 능력을 곱씹어 보다가 나도 모르게 세종대왕을 떠올렸다. 조선의 세종대왕은 넉넉지 않은 국고 상황에서 훈민정음을 창제했고, 농민들을 위해 농사직

설을 편찬했던 인물이다. 과학에 문외한이었던 그는 알고 있던 역사적 지식과 문헌들을 섭렵하면서 결국 측우기와 해시계까지 만들어 냈다. 과연 왕이었기 때문에 가능했을까?

모세는 버려진 아이였다. 부처 역시 고아였고 마호메트는 한 살도 되기 전에 부모를 여읜 사람이었다. 레오나르도 다빈치는 사생아였고, 스탕달, 보들레르, 카뮈, 톨스토이, 도스토옙스키 등도 어릴 적 부모님을 잃어 그 어떠한 지원을 받을 수 없는 환경에서 자란 인물들이다.

사람마다 처한 환경이 다를 수밖에 없다. 누구는 풍족한 조건에서 출발하고, 누구는 부족한 여건 속에서 꿈을 키워야 한다. 때때로 불공평한 현실 앞에서 좌절하겠지. 하지만 어쩌겠는가. 인생이 원래 그런 것을. 자책하고 실망하고 분노하며 원망하느라 인생을 허비하고 싶다면 말리지는 않겠다. 그것 또한 당신의 인생이니까. 하지만 나는 인생을 그렇게 허비하기에는 우리에게 주어진 시간이 너무 짧고 소중하다는 것을 안다. 중요한 것은 주어진 환경을 탓하는 것이 아니라, 그 속에서 내가 무엇을 할 수 있는지를 찾는 것이다.

지금 종이를 한 장 꺼내서 '내게 주어진 조건들' 모두를 한 번 적어보라. 곰곰이 생각하면서 써보면, 예상했던 것보다 내게 이미 주어진 것이 훨씬 많고 그 조건들 또한 누군가에게는 '다른 출발점'으로 인식된다는 것을 알게 될 것이다. 결국 우리는 누가 조금 더 일찍 삶의 긍정성을 발견하고, 누가 조금 더 일찍 구체적인 방법을 찾아 움직이는지의 싸움을 하고 있다. 부디 당신이 조금 더 일찍 깨닫고 조금 더 일찍 움직이는 사람이길 바란다.

큰 일이 없는데도 도태되는 것 같다면

큰 사건이나 사고가 없는데 이상하게 뭔가 안 풀리는 인생들이 있다. 남들이 하는 노력 정도는 하고 있고 나름의 자기 계발도 하는데도 이상하게 그다음 단계로 나아가지 못하는 사람들. 사실 성장과 비전을 교육하는 사람의 입장에서 나 역시 이 부분이 꽤 궁금했다. '뭐가 문제인 거지?'

'이제부터는 성공과 실패의 갈림길이 그저 운에 달려 있습니다!'라고 말하고 싶지 않았다. 정성을 들인 노력의 결괏값이 조금이라도 유효하기를 바랐다. 그렇게 여러 논문과 자료를 뒤적이다가 알게 된 사실은 크게 두 가지였다.

첫째, 평균치의 역량을 가진 사람이 그다음 단계로 나아가기 위해서는 '기초 습관'이 정말 중요하다는 것이었다. 물론 사회적으로 필요한 단계까지의 역량을 갖추는 일도 쉽지 않다. 하지만 탁월한 단계까지

가는 사람과 그렇지 못한 사람들의 가장 큰 차이는 오랜 시간 공들여 온 좋은 기초 습관의 여부에 달려 있다.

요지는 '리스크 관리'다. 역량의 꾸준한 성장을 이뤄 내기 위해서는 정신력, 체력, 마음가짐, 사회적 관계 등이 필수적이다. 이 요인들이 하나씩 작동하지 않게 될 때, 얼마나 빠르게 다시 회복해서 성장을 추구하는 상태로 돌아오느냐가 차이였다. 누군가는 이것을 회복탄력성이라 부르고, 누군가는 이것을 태도라고 부른다. 결국 체력을 단련하기 위해 운동하는 사람, 마음을 위해 꾸준히 자기 성찰의 시간을 가지는 사람, 자기 분야의 지식을 위해 꾸준히 독서하는 사람들만이 이 위험의 협곡을 잘 건너갈 수 있었다.

두 번째는 '디테일의 차이'였다. 한 분야에 오래 있어 본 사람은 알 것이다. 이제는 굵직한 역량이 더 이상 차이가 없을 정도로 많은 사람이 전문가의 단계에 들어섰고, 남은 건 디테일 하나였다. 아주 작고 미세한 차이까지 신경 쓸 수 있는 역량을 키워나가야 할 때가 왔다. 축구 선수의 퍼스트 터치, 작가들의 여러 해 동안 수집해 온 단어장, 용접공의 온 & 습도계에 따른 열 가공 시간 차이, 수술 중 마취과 의사의 럽쳐

(rupture)로 인한 심박수 조절 판단 등이 해당된다.

나는 이런 디테일을 사랑한다. 무심코 들어선 오래된 LP 카페에서 내가 좋아하는 노라 존스의 선곡을 부탁드렸더니 그녀의 대표곡 'New York City'를 틀어주시며 빔 프로젝터로 바쁜 뉴욕 시민들의 퇴근길 영상을 맞춰서 틀어주는 것. 한여름, 혼자 코를 훌쩍이며 에어컨 바람을 피해 자리를 옮겨 다니며 글을 쓰고 있었더니, 비염에 좋다며 메뉴에도 없는 도라지차를 내어주시는 카페 사장님. 세탁소 관련 창업 IR을 할 때 바지와 상의에서 세탁소 태그를 떼기보다 오히려 더 다양한 색을 넣어서 무대를 오르내릴 때 자신들의 브랜드 색상을 각인시키려는 노력 등.

이런 노력을 가까이에서 누릴 수 있는 일을 하다 보면 알게 된다. 결국 사회는 끝까지 하는 사람들이 이기는 게임이고, 그들은 늘 디테일과 작은 습관에 미쳐 있다는 것을. 그러니 매너리즘에 빠져 성장이 멈춘 것 같은 생각이 들 때 큰 도약을 꿈꾸기보다 이런 디테일과 작은 습관들을 연마하는 시간으로 채워보자. 그러다 보면 나만 할 수 있는 디테일이 보인다. 정말이다.

핑계 없는 삶이 가져다준 자유

겨울 이불 속은 왜 그리 아늑할까. 얼른 일어나서 찬물을 한 잔 마시고 팔굽혀펴기 10개를 한 뒤 현관으로 나가 러닝화를 신고 찬바람을 맞으며 러닝 30분을 해야 하는데… 아, 여기는 왜 이렇게 따듯하고 평화롭지? 이런 날 운동하면 감기 걸리지 않나?

그렇게 긴 마음속 전쟁은 늘 이불 속에 머무르는 쪽이 승리한다. 이렇게 가다가는 체력이 부족해질 것이고, 부족해진 체력은 내가 해내고 싶은 일이 무엇인지 알아도 해내지 못하게 할 것이다. 쉽게 피곤해지고 또다시 이불 속으로 나를 밀어 넣을 테니까. 해야 할 일이 무엇인지 알면서도 해내지 못하는 나를 마주하는 것은 아무것도 모를 때보다 더 큰 스트레스다. 이렇게 삶을 바꾸려고 발버둥 치는 몇 개월간 나는 창살 없는 감옥에 갇힌 것만 같은 답답함을 느꼈다.

이불 전쟁을 이겨내고 15년이 흐른 지금의 나는 희한하게도 규칙적인 삶이 주는 자유를 만끽하는 중이다. 고민보다 행동이 빨라졌기 때문에 기상 후 밖에 나가서 러닝을 하기까지 3분이 채 걸리지 않는다. 체력을 기르고 나서니 목표했던 사업보다 더 많은 것들을 해내고 있고 유능한 직원들도 생겼다. 분명히 하는 일은 더 많아졌는데 독서할 시간, 운동할 시간, 가족들과 여행 갈 시간은 더 늘어났다.

어렵고 답답한 그 시절을 잘 견뎌낸 사람들에게만 '생산성의 보상'이 주어지기 때문이다. 다른 사람들이 4시간 걸릴 일이 내 경우는 30분이면 끝난다. 그 방식을 고급 정보로 해결하거나 유능한 직원으로 해결하거나, 자동화된 시스템으로 해결하는 방법의 차이가 있을 뿐이다. 결국 꾸준히 노력한 사람에게는 적은 시간을 투입해서 많은 보상을 얻을 수 있는 지름길을 발견하게 되는 시점이 반드시 온다. 나는 이 지점에서만 진정한 자유를 누릴 수 있다고 생각한다. 바로 '시간 선택의 자유'다. 아침에 언제 일어날지 내가 결정할 수 있는 것만으로도 삶의 질이 엄청나게 바뀐다.

하지만 대부분의 사람은 지금 내가 누리고 있는 이

'시간 선택의 자유'에 대해서만 묻는다. 이 자유의 출발점에 있는 이불 전쟁에는 관심이 없다. 그 이불 전쟁 뒤에 체력 전쟁, 독서 전쟁, 관계 전쟁 등 다양한 전쟁이 있었기 때문에 자유가 있는 것이거늘. '자신이 가진 것에 집중하라. 그 속에서 최고의 길이 열린다'라는 에픽테토스의 조언을 새겨듣자. 결국 자기 자신이 가진 것에 집중하고 변명 대신 행동으로 뚫어내는 전쟁의 시간을 건너야 자유를 누릴 자격도 주어진다. 전쟁 없는 자유는 또 다른 족쇄임을 잊지 말자.

사람에게도 등급이 있다면

5등급. Take & Take
그저 받기만 하는 사람들. 받는 것이 당연한 사람들. 그래서 조금도 고마워할 줄 모르고 주다가 안 주는 사람에게 오히려 비난을 퍼붓는다. 누군가 친절을 베풀 때, 그것이 마음이든 돈이든 여유가 넘쳐서 주는 게 아니라는 걸 그들은 언제쯤 알까.

4등급. Take & Give
받아야만 주는 사람들. 이들은 절대 먼저 손을 내미는 경우가 없다. 이들에게 '사람'은 그저 작용-반작용이 정확한 인과관계다. 사람을 사귈 때 '나에게 이 정도밖에 못 주는 사람이네?'를 알게 되면 태도가 갑자기 차갑게 바뀌는 부류. 관계를 이해득실로만 본다.

3등급. Give & Take
줬으면 반드시 받아야 하는 사람들. 그들에게는 무언가를 줄 때부터 분명한 목적이 있다. 왠지 그들에게 받는 생수 한 잔에는 찌꺼기가 둥둥 떠 있는 느낌이랄까. 지난번 내가 사 준 음료보다 오늘 자기가 더 비싼 커피를 샀다고 2,000원을 더 보내달라는 카톡은…. 다시는 받고 싶지 않다. 사요나라.

2등급. Give & Give
주고 또 주는 사람들. 이들에게는 무언가를 남에게 주는 과정과 상대방의 반응 모두가 즐거움이다. 너무 막 퍼주다 자기 것을 챙기지 못한다는 핀잔을 들을 정도. 종종 가족들보다 남을 더 챙긴다는 잔소리에 등짝을 맞지만 그럼에도 허허실실 공수래공수거를 실천하는 위인들.

1등급. Give & Thanks
자기가 무언가를 주면서 줄 수 있는 기회를 줘서 오히려 고맙다고 말하는 신기한 사람들. 굳이 음식을 만들어서 먹이고 아무 날도 아닌데 선물을 보내고, 요즘 힘들다는 말에 지갑 속 지폐들을 세어보지도 않고 선뜻 쥐여 준다. 넉넉해서가 아니라 사랑해서 나누는 진정한 Giver이다. 주변에 이런 사람 1~2명만 있어도 행복에 훨씬 가까워진다. (형님, 누님들. 어디 계세요?) 가까운 사람들에게 나는 몇 등급일까?

주어진 조건에서 최선을 다하는 습관

평생 그런 적이 없었는데 요즘 들어 물건을 깜빡하고 챙기지 않는 날이 잦다. 심지어 나는 작가인데 종종 블루투스 키보드를 집에 놓고 카페에 간 적도 있다. 믿기지 않는 현실을 몇 번이나 부정하다가 '오늘은 달콤한 거 먹자…'라며 매번 마시던 디카페인 아메리카노에서 돌체라떼로 메뉴를 바꾼다. 그러고는 카페 사장님께 정중히 굽신거리며 묻는다.

"사장님, 죄송한데 혹시 종이랑 펜을 좀 빌릴 수 있을까요?"

그렇게 그날은 볼펜 똥을 휴지에 닦아가며 아날로그 방식으로 글을 썼다. 예전의 나였다면 이런저런 핑계를 대면서 '오늘은 그냥 딴짓이나 할까?' 했을 것이다. 하지만 작은 선택이 쌓여 습관이 되면 그 선택들이 결국 나를 가장 못난 사람으로 이끈다는 것을 알게 되었다. 이 사실을 알게 된 이후부터 상황이 바뀌어도 목표는 바뀌지 않는 습관을 이 악물고 만들어 냈다. 중요한 것은 보상 체계가 있는 습관을 형성하는 것이었다.

그날의 목표는 '글을 쓴다'였고 바뀐 상황은 '블루투스 키보드를 놓고 온 것'이었으며 나에게 불편한 마음을 이겨내고 글을 쓰는 행위에 대한 보상은 '돌체라떼'였다. 키보드를 놓고 온 덕분에 그날은 달콤한 돌체라떼를 먹을 수 있는 날이 되었다며 한 번 피식 웃고는 글을 써 내려간다. 어? 펜으로 오랜만에 글을 쓰니 캘리그래피 연습도 되네? 완전 럭키비키잖아?

날카로운 직구보다 위트있는 변화구

행복하고 싶지 않은 인간이 어디 있을까. 모든 사람이 그렇듯 늘 내가 선택할 수 있는 최선의 행복을 누리고 싶어 했다. 그러다 하버드대학교에서 긍정심리학을 가르친 교수, 탈 벤 샤하르의 저서 『완벽의 추구』에서 이런 문장을 만났다.

'완벽이라는 것은 불가능한 환상인데도 그걸 달성하지 못해서 겪는 좌절감 때문에 우리는 행복에서 더 멀어집니다'

주변에서 드물지 않게 완벽주의자들을 만난다. 그들은 모든 부분에서 완벽해지고 싶어서 마음의 여유를 잃고 몸에 힘을 더 준다. 역설적으로 완벽해지려는 마음은 그들을 더 긴장하게 하고 위축돼서 예전보다 더 많은 실수를 하게 만든다. 그러면 그들은 그 실수를 만회하기 위한 더 완벽한 모습을 갈망하는 악순환에 빠진다.

원칙 있는 인생은 절제되고 간결하며 멋지다. 하지만 그 원칙이 너무 과하면 사람들을 찌르는 가시가 되기도 하고, 인생에서 누릴 수많은 재미를 놓치게 한다는 것을 잊지 않아야 한다.

기생충과 들꽃

회사에 다니던 시절, 어느 교육에서 '나를 대표하는 문장이나 단어'를 적어보라는 빈칸을 받았다. 나는 초점 없는 눈으로 이렇게 적었다. '넉넉하지 못한 가정형편, 평범한 외모, 특별히 잘하는 것도 없는 사람'. 따지고 보면 다 맞는 말이었다. 하지만 알량한 자존심 때문인지 쉽게 인정하고 싶지는 않았다. 하지만 회사 관리자의 입을 통해 많은 사람 앞에서 "너는 기생충이야!"라는 말을 들었을 때 나는 선을 넘었다며 대들 힘조차 상실했다.

모든 세상으로부터 숨고 싶었던 날, 습관처럼 아는 선배를 찾았다. 그는 내 축 처진 어깨를 보며 아무것도 묻지 않고 같이 밥을 먹어 주었다. 식사를 마치고 커피를 마신 후 헤어지려는 찰나 그는 책 한 권을 내밀었다. 정확한 제목은 기억나지 않지만, 들꽃에 대한 이야기가 담긴 책이었다. 집에 와서 아무 페이지나 펼쳤는데 이 한 줄이 나를 가만히 안아주었다.

'길가에 핀 들꽃조차 존재 이유가 있다'

들꽃은 누구도 일부러 심거나 가꾸지 않는다. 그저 스스로 그곳에 피어난다. 마치 작은 기적처럼. 길가, 산속, 혹은 황량한 땅에서도 자기만의 자리에서 조용히 피어나고 세상을 아름답게 채색한다. 누군가의 관심이나 박수를 받지 않아도 상관없다는 듯 들꽃은 시멘트 사이에서도 기어코 고개를 내민다. '세상 모든 존재에는 가치가 있다'는 것을 알려주기라도 할 기세로.

'조금 느려도 조금 서툴러도 괜찮다'는 책 속 문장을 읽었을 때 나는 이불을 끌어당겨 눈물을 닦았다. 그러고는 떠오르는 생각들을 메모장에 적어 내려갔다.

'모든 사람이 꽃다발 속 화려한 장미가 아니어도 된다. 들꽃처럼 그저 세상을 아름답게 채색하는 것도 존재 목적이 될 수 있다. 내 인생은 무의미하지 않다…'
그리고 몇 달 뒤 나는 퇴사했다. 들꽃 책을 그 상사에게 선물하며.

가여운 인생 vs 값진 인생

참 가여운 인생이 있다. 인생의 초반을 부모가 대신 살고, 중반은 돈이 대신 살다가 후반에 아이들이 대신 산다. 되돌아보면 튀지 않고 평범하게 사람들과 비슷하게 사는데 너무 많은 시간과 노력을 들인 것은 아닌가 하는 후회가 많다.

반면, 어떤 인생은 참 값지다. 인생의 초반에 정해진 길을 가지 않아서 여러 질타를 받다가 중반에는 돈보다 중요한 삶의 의미를 발견해 그것을 좇고 후반에서 후대에 남길만한 가치 있는 무언가를 전하며 삶을 마무리한다. 되돌아보면 순탄치 않았지만, 최소한 나의 가치를 스스로 알고 살아왔기 때문에 후회가 적다.

왜 우리는 한 번 뿐인 인생을 다른 사람을 위해서 살고 있을까? 아마도 타인을 위하는 선택이 내게 이롭고 안전할 것이라는 계산이 깔려 있기 때문아닐까?

좋아하는 일을 지켜내는 법

"분명 좋아하는 분야였는데 일이 되니 싫어졌어요…."
진로상담을 하면서 자주 듣는 말이다. 분명 즐거워서 내 생업으로 정했는데 먹고 사는 일이 되고 나니 흥미를 잃어버렸다는 이야기. 이런 상황은 일의 속성에 대한 오해 때문에 벌어지는 것이다. 모든 일에는 즐거움, 흥미, 하기 싫음, 의무가 공존한다. 중요한 것은 이 4가지 요소 중 단 하나도 '0'이 될 수가 없다는 점이다.

다시 말해, 출발이 즐거움과 흥미였을지 몰라도 언젠가는 동일한 일에서 '하기 싫음'의 영역과 '의무'의 영역을 마주하게 되어 있다. '일'이 혼자서 할 수 있는 것이 아니기 때문이다. 자본주의 체제에서 내가 재화나 서비스를 생산하면 그것을 제공받을 '고객'이 필연적으로 존재해야 하며, 그 재화나 서비스의 전달 과정을 조금 더 효율적으로 하기 위한 협업과 경쟁도 필수적으로 발생하게 되어 있다.

곧, 사람의 인구수만큼 즐거움, 흥미, 하기 싫음, 의무가 섞여가며 일이 흘러간다. 그래서 나의 의무가 회사의 즐거움이 되기도 하고, 나의 즐거움이 타인의 하기 싫음이 되기도 한다. 하지만 그렇다고 나의 즐거움과 흥미를 포기할 수는 없는 노릇 아닌가. 그러니 내가 좋아하는 것을 지켜내기 위해서 '전략'이 필요하다.

그 전략이란 곧 나의 즐거움과 흥미의 '근원적 원리'를 파악하는 것이다. 그래서 그 원리적 특성이 하기 싫음과 의무의 순간에도 발동할 수 있게 만들어놔야 한다. 예를 들면 이렇다.

나는 재즈 연주 듣는 것을 가장 좋아한다. 이 즐거움의 원리를 따라가 보니 적당한 규칙성 안에서 자유롭게 흐름을 타는 변칙성을 좋아한다는 것을 알게 되었다. 이 '적절한 변칙성'을 내 즐거움의 원리로 이해하고 나서 생긴 변화는, 싫어하지만 해야 하는 일을 할 때 조금 더 신경을 쓴다는 것이다. 일하는 장소를 자주 바꾸거나 책상의 배치를 이동하기도 한다. 즐거움에 속해 있던 원리를 의무와 하기 싫음의 영역으로 가져온 것이다.

시간이 꽤 걸리기는 했지만, 나는 이런 방식으로 나만의 즐거움의 원리적 특성들을 무려 13가지나 찾아냈다. 그리고 여지없이 이것들을 하기 싫음의 영역과 의무의 영역으로 가져와 일하기 시작했다. 그러다 보니 어느덧 싫어하는 일을 좋아하는 일처럼 할 수 있는 묘책을 찾아내는 순간도 결국 오더라.

좋아하는 것을 계속하려면 좋아하는 것만 해서는 안 된다. 좋아하는 일을 계속할 수 있기 위해 싫어하는 일을 할 줄 알아야 한다. 싫어하는 일조차 좋아하는 일처럼 해내는 약간의 지혜와 조금의 인내가 필요한 것이다. 늘 그렇듯, 방법은 있다. 아직 내가 모를 뿐.

일을 잘한다는 것의 의미

"제 딴에는 정말 열심히 일하는데 회사에서 저의 이런 모습을 알아주지 않아서 너무 속상해요…."
직장인이 된 멘티들과 한 번 정도는 나누게 되는 상담의 주제다. 일을 잘하는 사람으로 평가받고 싶은 마음이야 누구나 동일하겠지만, 그 맥락을 이해하고 일하는 사람은 생각보다 꽤 적다. 멘토링을 하면서 알게 된, 일을 잘한다는 것의 의미를 되새겨보자.

첫째, 하겠다고 한 일은 무슨 일이 있어도 해낸다.
일을 하다 보면 이런저런 변수들이 생길 수밖에 없다. 시간, 자원, 관계, 건강 등의 변수들을 핑계로 "이것 때문에 못 했습니다."를 반복하는 사람을 달가워할 회사는 없다. 그런 상황에서도 결국 해내는 것까지가 '일의 범위'다. 그러니 어떤 일을 맡았다면 그 일에 방해되는 변수들을 최소화하는 습관을 길러라.

둘째, 함께 일하는 동료들을 직책과 연봉에 상관없이

존중해야 한다.
일은 단언컨대 혼자서 해낼 수 없다. 그래서 서로 돕고 양보하고 실수를 챙겨가며 일해야만 한다. 결국 조직의 성장에서 개인의 성장을 이뤄야 한다는 말이다. 부족함을 날카롭게 지적하는 정확함보다 남의 실수를 나의 부지런함으로 채워주는 유연함이 필요하다.

셋째, 나 때문에 안 해도 되는 일을 주변 사람이 하지 않게 한다.
한 가지를 꼭 기억하자. 실수가 반복되는 것은 실력이다. 반복된 실수 때문에 조직의 구성원들이 안 해도 되는 일에 에너지를 쏟게 만들고 있다면 반성해야 한다. 나 때문에 야근하게 하지 말고 내 도움에 조기 퇴근하게 만드는 사람이 일을 잘하는 사람이다.

넷째, 누군가 종일 내 일하는 모습을 지켜봐도 부끄럽지 않아야 한다.
일할 때 딴짓하는 습관만큼 최악인 것이 없다. 이것은 당장에 '일 덜하고 월급 받았다'라고 할 수 있겠지만, 결국 배워둬야 할 일을 미루는 것이니 나에게 더 큰 손해로 돌아오게 된다. 세상일이 다 그렇다. 뿌린 대로 거둔다. 게으름을 뿌리지 말고, 부지런함을 뿌리자. 그러면 내 직속 상사가 내 뒷자리에 있어도 신경 쓸 필요 없다. 실력이 있다면 어디서든 당당할 수 있다.

다섯째, 일은 결국 나의 성장을 위해 하는 것이다. 일을 월급의 수단으로만 생각해서는 안 된다. 일은 곧 나의 가치를 사회 속에서 증명하는 것이다. 시간이 갈수록 그 부가가치를 상승하게 하는 노력 덕분에 '나'라는 사람이 성숙해진다. 인간을 인간답게 만드는 것이다. 그러니 모난 부분을 다듬는 과정이라 생각하며, 고된 시간을 헛되이 보내지 말아야 한다. 마음을 다하는 일에는 실력이 따라올 수밖에 없다.

아직도 모든 일에 미흡하고 실수투성이인데 워라밸을 누려야 한다며 일찍 퇴근하는 미움받는 사람에서, 일도 잘하는데 성품도 좋아 "저 사람을 닮아보고 싶다."라는 말이 동료의 입에서 흘러나오게 해야 한다. 이렇게 자기 일에 관한 공부가 곧 선한 영향력을 퍼트리는 과정이 되게 해야 한다. 하루라도 먼저 일잘러가 되어라. 그래야 일 너머에 존재하는 의미와 재미를 추구할 여유가 생긴다.

모든 것은 마음먹기에 달렸다?

"괜찮아. 괜찮아질 거야. 다 잘될 거야…"

이 말을 처음 누군가의 입술을 통해 접했을 때 나는 감동했다. 그것은 크림이 올라간 따뜻한 라테 같았다. 하지만 감성 어린 밤이 지나고 다시 밝은 아침이 되었을 때 나는 오히려 더 절망해야 했다. '정말 괜찮을까?'와 같은 자기 의심이 더욱 커져 있었기 때문이다. 역시 일체유심조(一切唯心造)는 거짓말인가.

위로를 받아 생각을 고쳐먹는다고 달라질 수 있는 상황이 아니었다. 내가 할 수 있는 방법을 총동원했음에도 나아지지 않는 상황에, 나는 학교나 사회 같은 시스템을 탓하기 시작했다. 이처럼 누구나 한 번쯤 이기적인 가족들, 비효율적인 학교 교육, 폐쇄적인 사회를 탓하는 시절을 보낸다.

그러다가 종종 이 둘의 중간 어디쯤 머물러 있는 듯

핑계보다 방법을 찾는 사람

한 사람들을 만난다. 그들은 누구를 탓하며 하루를 보내지도 않고, 아무것도 하지 않은 채 방구석에 틀어박혀 "할 수 있다"고 외치기만 하는 것도 아니었다. 나는 궁금했다. 결국 참지 못하고 기회를 엿보다가 "어떻게 그런 균형을 잡게 되셨나요?"라고 묻고 말았다. 그들은 대답한다.

"물에 빠져봐야 수영을 배우지…."

인생에는 적절한 하중이 필요하다

가벼운 사람은 자유로움이 주는 유혹에 약하다. 그래서 사람이든 직장이든 자주 옮겨 다니며, 새로운 것을 알아갈 때 누리는 얕은 쾌감에 중독된다. 그리고 그것이 익숙해질 즈음이면 습관적으로 곁눈질을 시작한다. 한 가지에 진득하게 집중하지 못해서 다양한 재주가 있어도 한 가지 탁월함이 없다. 호기심과 끈기 없음이 다르다는 것을 모르기 때문이다.

용기 없는 사람은 안정감의 유혹에 약하다. 그래서 한 번 했던 선택은 고집스럽게 밀어붙인다. 중간 어디쯤에서 '뭔가 잘못됐다…'라는 걸 알게 돼도 계속 갈 수밖에 없다. 옳은 말을 해주는 친구가 나타난다고 해도 귀를 닫기까지 한다. 그래야 내 인생, 내 노력이 부정당하지 않을 테니까.

그래서 인생에는 적절한 하중이 필요하다. 어떤 길을 선택을 했으면 책임감을 가지고 일단 내가 할 수 있는 최선을 다해봐야 한다. 그렇게 가다가 잘못된 길이다 싶으면 고개 숙여 사과하고 다시 처음으로 돌아가 다른 길을 찾을 용기가 필요한 것이다..

그렇게 조금씩 선택의 하중을 늘려가다 보면 결국 행복하게 머무를 수 있는 곳을 만나게 되어 있다. 그때부터 흔들리지 않는 인생이 시작된다.

햇살 같은 사람이 되세요

「이상한 변호사 우영우」라는 드라마를 볼 때, 눈물을 글썽이게 했던 장면이 있다. 주인공인 우영우가 밥을 먹다가 가장 친한 친구인 최수연에게 "너는 봄날의 햇살 같아."라며 말해주는 장면이었다. 꼭 내가 듣고 싶었던 말을 누군가의 입을 통해 대신 들은 것만 같아서 그 부분을 몇 번이고 돌려보았다.

우리는 모두 겨울이 지나야만 봄이 온다는 것을 익히 알고 있다. 하지만 우리는 여전히 겨울 없는 봄날을 갈망하고, 고통 없는 성장을 원하며, 실패 없는 성공을 좇는다. 어리석게도. 더 큰 문제는 이런 신기루를 좇다 만나게 되는 반복적인 절망이 우리에게 존재 자체에 대한 의구심을 갖게 한다는 점이다. 그러다 '나는 아무것도 아닌 사람이구나…'와 같은 자기비하적 관념이 자리를 잡게 되면 길고 깊은 '우울'에 빠지게 된다.

하지만 생각해 보면 햇살은 사계절 어디에나 존재한다. 간혹 건물에, 구름에, 비 때문에 그것이 보이지 않는 순간이 있을 뿐이다. '선크림이 사계절 모두 잘 팔린다'는 말 또한 햇살이 우리 주변에 늘 존재함을 증명한다.

'햇살 같다'는 사람은 이런 사람을 말한다.
인생이 엉망진창인 순간, 내 입에 떡볶이와 치킨을 넣어주는 사람. 무언가 잘 풀릴 때 "해낼 줄 알았다!"며 달려와서 나랑 하이파이브를 치는 사람. 드디어 만난 주말에 같이 예능을 보며 함께 깔깔 웃어주는 사람 등.

잊지 말아야 할 사실은 우리 모두 햇살과 구름의 역할을 바꾸며 살아가야 한다는 점이다. 내가 햇살일 때는 구름인 친구를 찾아가 밝혀주고, 내가 구름일 때는 햇살 옆에 괜히 서성거려야 한다. 그렇게 서로가 서로에게 햇살이 되어주며 사는 것이 참된 인생의 맛이다.

올 한 해는 누군가에게 조금 더 '찾아가는 햇살'이 되기 위해 노력해야겠다며 다짐해 본다. 나의 바쁨 때문에 그들의 서성거림을 놓치지 않도록. 그러다 보면 그들 또한 누군가의 햇살로 살아가겠지. 올 한 해도 할 일이 많겠다. 자주 보자 코피야.

시들어 가지 마세요

나는 단언할 수 있다. 꿈이 없는 것보다는 비현실적일지라도 꿈꾸는 사람이 되는 것이 낫다. '하고 싶은 것이 없다', '꿈이 없다', '왜 사는지 모르겠다'라는 사람들이 시들어가는 것을 수없이 봐야 하는 일을 하고 있기 때문이다. 말 그대로 사람이 시든다. 말라서 죽어가는 식물처럼.

그러다 보면 인간으로서 당연히 누려야 할 것들도 불필요하게 생각되는 순간을 마주하게 된다. 밥도 먹지 않고 사람도 만나지 않고 햇빛도 보지 않는다. 기계적으로 예능을 틀어놓고 밥을 입에 넣지만, 그것은 음식의 즐거움보다는 생존하기 위한 반사작용에 가깝다.

그러니 내게 햇볕과 같은 사람이 누구인지, 내게 물과 같은 일은 어떤 일인지 미리 찾아두자. 아니, 지금이라도 찾자. 비바람과 가뭄 없는 인생이 어디 있으리. 그럴 때마다 하늘을 탓하고 부모를 탓해봤자 빈 소주병만 늘어날 뿐이다. 적절한 물과 햇볕을 곁에 두면 사람은 거짓말처럼 생기를 되찾는다. 심지어 얼마 지나지 않아 삶의 희망을 노래하기도 한다.

당신만의 물과 햇볕은 무엇인가? 의미 있게 여물어 가려면 이것부터 찾아야 한다. 부디 그저 시들어 가는 인생은 되지 말자.

사람을 바꾸는 3가지 방법

사람은 참 안 변한다. 같은 실수를 수없이 반복해도 정신 차리지 못하는 사람들이 수두룩하다. 아마 게으르고 본능에 따라 살아가는 게 인간의 본성이라 그렇겠지. 하지만 그중에 간혹 '어떻게 사람이 이렇게 바뀔 수 있지?' 싶을 정도로 바뀐 사람들의 방법을 소개해 보겠다. 부디 당신도 그중 한 명이길 바라면서.

첫째, 하루의 시간 분배를 바꾸는 것이다. 정리되지 못하고 우선순위 없던 시간의 배열을 자기만의 기준과 규칙으로 순서를 잡기 시작하니 그제야 사람이 변한다. 시간에 쫓기는 사람에서 시간을 통제하는 사람이 되어가기 때문이다. 더 이상 유튜브 알고리즘이 당신의 시간을 빼앗아 가도록 허락하지 마라.

둘째, 사는 공간을 바꾸는 것이다. 사람은 어리석을 정도로 환경에 영향을 받는 존재다. 그래서 복잡한 서울 지하철에 줄을 서 있다 보면 나도 모르게 발걸음이 빨라진다. 반대로 한적한 시골에서 지내보면 세월아 네월아 모든 행동이 느릿해진다. 인간은 적응의 동물이기 때문이다. 그래서 사람은 내가 인생을 바쳐서 하고 싶은 것을 찾고 그것을 할 수 있는 공간에 있어야 진정으로 행복할 수 있다.

셋째, 사귀는 사람을 바꾸는 것이다. 하루 종일 남 탓 하던 시절이 있었다. 넉넉하지 못한 가정형편, 못생긴 외모, 질서를 안 지키는 사람들, 불평등한 사회구조에 이르기까지 하루 종일 그것들에 대해 불평해도 시간이 모자랐다. 잘 생각해 보니 그때 내 주변에는 그런 사람들밖에 없었다. 상처와 결핍, 시기와 질투에 잡아먹힌 사람들 속에 있으니 나도 자연스레 말투와 표정과 사상이 그렇게 변해갔다. 그럴 때는 세상에 대한 희망을 외치고 서로 배려하고 친절하라는 사람들의 말이 가식으로밖에 들리지 않았다. 이미 주변 사람들 때문에 귀가 막혀 버렸기 때문이다.

더 이상 안 되겠다 싶어서 불평불만이 대화의 전부인 사람들을 과감하게 내 인생에서 잘라냈다. 그리고 그 자리에 꿈꾸는 사람, 친절한 사람, 진취적인 태도를 갖춘 사람들로 채웠다. 그렇게 몇 년을 살고 나니 내게도 삶의 좋은 부분을 볼 수 있는 눈이 생겼다. 긍정적 관점이 생기니 도전에 대한 용기도 생겼고 그 용기가 모이고 쌓여 꿈꿀 수 있는 인생으로 나를 이끌었다.

건강하고 발전적인 공간에서 진취적이고 희망을 이야기하는 사람들과 성장의 시간을 함께해라. 그러면 당신이 원하든 원하지 않든 결국 이전보다 나은 사람으로 바뀐다. 이 세 가지를 바꾸기 시작하는 사람만이 진정으로 변한다.

본능을 이겨내지 못하면

진로, 이직, 창업 상담을 하다 보면 공통의 상담 주제들이 보인다. 이는 결국 우리가 엇비슷한 고민을 품고 살아간다는 뜻인데, 그중에 가장 큰 비중을 차지하는 것이 바로 '본능'에 관한 것이다.

게임하기, 술담배하기, 유튜브 보기, 폭식, 해야 할 일 미루기, OTT 밤샘 정주행하기 등 우리 삶을 좀 먹는 여러 본능이 있다. 그중에서도 질문에 가장 많이 등장하는 것은 "나의 이 게으름을 어떻게 이겨내야 할까요?"였다.

가르치는 학생들에게도 늘 말해주는 부분이지만 게으름은 의지력으로 이기는 것이 아니다. 게으름 자체가 이미 습관의 영역이기 때문에 이기는 방식도 습관의 방식을 따라야 한다. 그래서 게으름과 같은 본능은 의지가 아닌 습관으로 이겨내야 한다.

우리의 몸과 마음은 어찌나 정직한지 익숙하고 편한 방식으로 늘 반응한다. 그래서 식곤증이 있는 사람은 밥을 다 먹고 나오면서 이미 졸린 것이다. 담배 피우는 사람은 밥을 먹고 나면 자기도 모르게 주머니를 뒤지며 담배를 찾는다. 자투리 시간마다 핸드폰으로 유튜브를 봤던 사람은 잠깐의 시간이 날 때 늘 보던 핸드폰을 보지 못하면 실제로 스트레스 호르몬인 코르티솔(Cortisol)이 분비된다고 한다.

이는 본능이 내게 안전하고 좋은 것으로 성장이 나에게 불안하고 나쁜 것으로 나의 체계가 잡혀있기 때문이다. 누구나 자기의 체계를 좋은 것으로 한꺼번에 바꿔놓고 싶은 마음이 있을 것이다. 하지만 습관은 그렇게 바뀌지 않는다. 그래서 나쁜 습관 - 평범한 습관 - 좋은 습관의 순서로 조금씩 삶을 정비해야 한다.

나쁜 습관이 하루 4시간 동안 유튜브를 보는 것이라면 추천하는 평범한 습관은 하루에 30분씩 유튜브 보는 시간을 줄이는 것이다. 3시간 30분, 3시간, 2시간 30분으로 줄여나갈 때 이런 생각이 든다. '그냥 당장 내일부터 안 보면 안 되나?' 습관을 무시하지 마라. 오랜 시간에 걸쳐 만들어졌으니, 그것을 바꿀 때도 시간이 걸린다는 걸 인정해야 한다.

만약 이렇게 유튜브 보는 시간을 1시간 이내로 줄였다면 이제는 새로 생긴 그 '3시간을 어떻게 쓰지?'와 같은 고민이 시작되어야 한다. 계속 미뤄왔던 운동, 독서, 공부, 자격증, 건강한 취미 중에 가장 난도가 낮은 것부터 하나씩 나에게 장착하면 된다. 좋은 습관을 들이는 것 역시 마찬가지로 점진적으로 쌓아가야 한다. 하루에 3시간 모두를 독서로 채우려고 하기보다 하루에 10분 독서로 시작해서 일주일 단위로 10분씩 늘려가는 것을 추천한다.

이렇게 나쁜 습관을 천천히 없애보고 좋은 습관을 차례대로 자리 잡게 해보면 안다. 나에게 세상의 좋은 것들을 누릴 시간이 생각보다 그리 많지 않다는 것을. 그리고 본능을 이겨내는 방법을 터득하지 못하면 인생이 나쁜 것들에 끌려다니느라 정말 하고 싶은 것, 의미 있는 것들은 손에 쥐어보지도 못하고 끝난다는 것을. 제대로 된 삶을 살고 싶다면 자기 본능부터 다스리자. 거의 모든 사람이 여기에 머무르고 있으니, 이것만 다스릴 줄 알아도 이미 탁월함에 가까워진다.

핑계보다 방법을 찾는 사람

스트레스가 쌓이면 수학의 정석을 풉니다

나는 글이 써지지 않고 스트레스를 받을 때면 종종 '수학의 정석'을 푼다. 오랜만에 문제를 옮겨 적고 옛 학창 시절의 기억을 더듬어가며 시간을 들인다. 시간이 오래 걸려도 답안지를 들춰보지 않고 진득하게 물고 늘어지려고 한다. 그러면 신기하게도 처음에는 전혀 감이 잡히지 않다가 이내 저 깊숙이 숨겨져 있던 머릿속 경험을 끄집어내어 결국은 문제를 풀어낸다.

삶의 많은 문제에도 수학처럼 정확한 답이 존재한다면 얼마나 좋을까. 그렇게만 된다면 가능성과 불안 앞에 망설이는 일도 없을 테니. 하지만 커피 한 잔을 들이켜며 삶에 정답이 없어야 실로 진정한 삶이 된다는 걸 이내 깨닫는다. 같은 길도 걷는 이에 따라 산책로가 되었다가 억지로 걷는 출근길이 되기도 하는구나. 정답의 유무보다 그 문제를 풀어내는 사람이 더 중요하구나.

불확실성을 두고 내리는 선택들이 인간을 더 고민하게 하고 이전보다 나은 삶을 추구하게 하는 근원적 동기라는 것을 잊지 말아야겠다. 사실, 생각해 보면 우리에게 필요한 것은 좋은 선택이 아니라 '많은 선택'이다. 선택의 빈도를 높이면 그만큼 내 선택에 대한 불확실성이 줄어들고 결국 좋은 선택에 가까워지는 법이니까.

종일 글과 씨름하는 날, 미적분 문제 하나를 세 시간에 걸려 풀고 나니 멈췄던 손가락이 드디어 움직인다. 다른 사람들은 스트레스를 받을 때 무엇으로 풀어낼까?

오늘도 계획만 하는 당신에게

나 역시 깔끔하게 정리된 계획표를 만드는 것만으로도 무언가를 해낸 것 같은 착각에 빠졌던 시절이 있었다. 그때는 칼 각으로 잡은 선들과 형형색색의 형광펜 그리고 강조된 빨간색 펜으로 공부 계획을 꼼꼼하게 세웠다. 어찌나 집중해서 계획을 세웠는지 계획표를 완성하고 나면 어쩔 수 없이 침대에 누워 휴식을 취해야 했다. 한숨을 크게 한 번 내쉬며 몸의 긴장을 풀었는데…. 이런, 다음 날이었다. 시험 전날, 마지막 기회였던 시간조차 나는 계획을 세우느라 제대로 활용하지 못하는 학생이었다.

무려 30년이 지난 지금, 내가 초등학생일 때 했던 실수를 아직도 하고 있는 20대를 마주한다. 이런저런 계획을 세우고 그 계획 속에서 불가능해 보이는 것들을 나열해 놓고 그것들 앞에 괴로워한다. 그렇게 하루 두세 시간씩 '이제 무엇을 해야 하나?'와 같은 질문과 씨름하느라 하루를 보내는 청춘들이 꽤 많다.

놀랍게도.

해야 할 일들을 정리하고, 목표를 세우고, 더 나은 내일을 기대하는 것은 박수받을 일이다. 단, 그것을 실제로 행동으로 옮겼을 때에 한해서. 익히 알겠지만 아무리 계획을 꼼꼼하게 세운다고 해서 모든 것이 완벽하게 내 생각대로 흘러가지 않는다. 언제나 예상치 못한 변수들이 우리의 결심을 흔들고, 스스로 세운 계획을 핑계 삼아 미룰 수 있는 명분을 던져 준다.

그러면 "이건 정말 누구라도 못하는 상황이지." "지금은 컨디션이 안 좋아." "더 좋은 기회가 오면 그때 시작해야지."와 같은 생각에 고개를 끄덕이게 된다. 시간이 지나면 애초에 세웠던 계획이 조금 부족해 보이기도 한다. 그래서 다음날 또다시 '계획을 위한 계획'을 하는 악순환의 고리에 빠지게 되는 것이다. 어떻게 해야 이 고리를 끊어낼 수 있을까? 방법은 의외로 간단하다.

완벽한 시작을 기다리기보다, 지금 할 수 있는 작은 행동부터 해보는 것. 그리고 완전한 계획에 대한 환상을 버리는 것. 무엇보다 계획은 원래 수정해 가면서 확률을 높이는 것이라는 개념을 이해하는 것. 이

세 가지다. 이유를 정확하게 설명할 수 없으나 한국에서는 유독 '기회는 한 번 뿐'이라는 무의식이 자리 잡고 있다. 그래서 고작 시험 점수 한 번 잘못 받은 걸로 "인생 망했다."라는 소리가 나오는 나라다. 분명히 말하지만 그렇지 않다. 그것이 좋은 쪽이든 나쁜 쪽이든 인생은 그렇게 간단하게 흘러가지 않는다.

그러니 내가 계획한 무언가가 생각대로 되지 않았을 때 '그러면 다르게 한 번 다시 해볼까?'라고 생각할 줄 알아야 한다. 우리 인생의 계획표에는 빼곡한 계획들보다 오히려 '빈칸'이 훨씬 중요하다. 그 빈칸이 곧 마음의 여유가 되고 수많은 변수를 다룰 수 있는 '유연한 계획'이 되어 준다. 부디 "저는 이 길 하나만 바라보고 살아왔어요…."하는 사람 중에 당신이 속하더라도 실망하지 말자. 상상했던 그 하나의 길만 인생이 아니다. 때에 따라 파도에 휩쓸려 서핑하듯 몸을 그 흐름에 맡길 줄도 알아야 하고, 힘껏 파도에 맞서 싸워야 할 때도 있는 법이니까.

내 인생이 나의 것이 되려면

우리는 언제부터 스스로를 어른이라 칭할 수 있을까? 성인식 때? 아니면 대학을 졸업하면? 그것도 아니면 첫 월급을 받는 순간? 아쉽지만, 세 가지를 다 충족하고도 아직 자기 인생을 살지 못하는 청년들을 자주 본다. 독립은 했지만, 자립이 되지 않았기 때문이다. 내 인생이 진정으로 나의 것이 되려면 세 가지 자립 필요하다.

첫째는 생각의 자립이다.
많은 사람의 생각을 따라가기만 해도 중간은 간다는 말은 바보 같은 말이다. 이것은 나의 달란트를 땅에 묻겠다는 선언과 같다. 모든 선택에 내 생각이 반영되어야 한다. 의견을 내고 실수를 바로잡는 과정을 통해 생각의 결을 찾아야 한다. 이러한 생각의 축적 과정을 통해 생각의 기준을 만들어야 비로소 '가치관'이 생겨나기 때문이다.

둘째는 선택의 자립이다.
유독 한국인들은 '아무도 하지 않은 선택은 틀린 선택이다'라는 마인드가 강한 것 같다. 그래서 좋은 아이디어를 앞에 두고도 '아직 이런 사업이 없는 데는 이유가 있겠지…' 싶어 지레 겁먹고 아무것도 하지 않으려고 한다. 추측해서 속단하지 말고, 행동을 통해 스스로 검증하는 습관을 길러라. 많은 선택은 좋은 선택을 낳는다. 반드시.

셋째는 경제의 자립이다.
공과금과 식비 등을 스스로 내 본 사람만 안다. 왜 엄마가 마트 할인 종이를 늘 챙기는지, 왜 아빠가 굳이 가장 저렴한 주유소를 찾아다니는지. 생각지도 못한 세금 고지서를 받아보고서야 사회 구성원으로서 최소한의 사회적 책임을 다하며 살아가는 것이 절대 쉽지 않은 일이라는 것을 그제야 알게 될 것이다.

자신의 몫을 책임지는 사람이 되어야 한다. 실제로 당신이 인류사를 바꿔낼 혁신적 아이디어를 가진 사람일지라도, 세금 체납자에게 그 기회가 돌아가진 않는다. 그러니 말로 떠들지 말고, 증명해라. 당신이 정말로 성실한 사람임을, 정말로 열심히 사는 사람임을, 정말로 가치 있는 사람임을. 어디에서? 당신이 속한 시장에서. 무엇으로? 당신의 역량을 월급으로 등가교환 해주는 곳에서.

자기 몫을 다 해내기 위해 최선을 다하다 보면 알게 된다. 정말로 뛰어난 나의 역량이 무엇인지, 또 무엇을 할 때 조금이라도 더 즐거워 하는지를. 치열하게 살아본 경험이 있어야 삶에 대한 주체성이 생긴다. 삶의 주체자가 된다는 것은 마치 수영을 배우는 일과 같다. 수영을 미리 배워 놓지 않으면 파도에 몸을 의지한 채 둥둥 떠밀려 살아갈 수밖에 없다. 그러니 딱 마음을 먹고 차가운 물에 몸을 담가 수영을 제대로 배워 놓아라. 그래야 파도가 일렁이는 물 속에서도 호흡을 조절해 가며 내가 원하는 곳으로 삶을 이끌어 갈 수 있다.

이제 우리가 가장 먼저 해야 할 일은 '삶의 안정'이라는 튜브를 벗어던지는 것이다. 익숙한 규칙을 깨고 삶의 모험을 찾아 나서라. 아무것도 준비되지 않은 날 것의 나를 마주하는 시간이 있어야 '정말 내가 원하는 삶'에 대한 힌트를 얻을 수 있는 법이다. 그렇게 직접 뛰어들어 봐야만 아는 것들이 있다. 생각보다 물이 깊지 않았다거나 머뭇거림이 나의 두려움을 키워냈다는 것이 그렇다. 그러니 부디 주어진 인생을 살지 말고, 당신만의 인생을 살아라.

누군가에게 자격을 부여받으려 하지 마라

"제가 그런 일을 할 자격이 있을까요?"라는 말을 참 많이 듣는다. 인생의 중요한 갈림길에 서 있는 사람들의 입을 통해서. 마음으로는 하고 싶은 일이지만 이름 있는 단체나 저명한 인사가 "너에게는 자격이 있다."라고 알려주지 않아 불안하다는 말이었다.

사람을 채용해서 양성하는 일을 하고 있지만, 나는 이 '자격요건'이라는 말이 참 싫다. 세상에는 아버지의 노름빚 때문에 대학을 못 간 사람도 있고, 공부보다 사랑이나 생계를 먼저 택한 인생도 있다. 무엇보다 이 '자격요건'을 갖춘 지원자들이 일도 잘한다는 보장이 없기 때문에 더욱 그러하다.

실제로 일을 시켜보면 자격요건보다 태도가 그의 성과를 결정짓는 경우가 훨씬 많다. 하나를 배우면 둘을 알려는 사람도 있고, 열을 가르쳐줘도 다시 처음부터 알려달라는 사람도 있기 때문이다. 그러니 지레짐작으로 '나는 그럴 자격이 없을 거야', '저기 가도 나는 분명 못 할 거야'라며 스스로 삶의 한계를 긋지는 말자.

누군가의 허락이 있어야만 내가 하고 싶은 일을 할 수 있는 것은 아니다. 물론 누구에게나 초보자의 시절이 있을 수밖에 없겠지만, 하고 싶은 것을 하는 것조차 잘할 필요는 없다. 그러니 마음껏 하고 싶은 일에 손을 뻗어 내 삶과 닿게 하자. 그 미세한 연결이 나를 완전히 새로운 인생으로 이끌지도 모르니까. 내가 해야 할 단 한 가지는 내가 선택하는 삶에 나 스스로 의미를 부여하는 주체가 되는 일이다.

교만한 사람과 겸손한 사람

교만한 사람은 겸손한 척을 잘한다. SNS의 그것처럼 은근슬쩍 자랑하는 데 능숙한 것이다. 원래 큰 성과를 이뤄내는 사람보다 작은 성취를 맛본 사람의 목소리가 더 크다. 별거 아닌 무기를 목도리도마뱀처럼 부풀려야 하기 때문이다.

역설적으로 큰 성취를 이룬 사람은 오히려 그것을 감추고 침묵한다. 큰 성취는 낭중지추 같아서 감추려고 해도 언젠가 드러날 것을 잘 알기 때문이다. 그래서 굳이 제 입으로 말하거나 자랑하지 않고 때를 기다릴 줄 아는 것이다. 그리고 다른 사람의 입을 통해 그 성취를 듣게 되었을 때 기다렸다는 듯 말한다. "덕분입니다."

핵심은 말하지 않아도 누구나 아는 수준의 성취를 이뤄내는 데 집중하는 것이다. 자랑하는 데 쓰이는 시간과 에너지조차 진짜 실력을 쌓는 곳에 쓰겠다고 마음먹는 것이다. 늘 겸손해라. 실력이 부족할 때는 부족하니 겸손함이 마땅하고, 실력이 출중할 때는 내가 굳이 말하지 않아도 되니 겸손함이 마땅하다.

주기적인 청소가 주는 깨달음

오랜만에 사무실 대청소도 하고 인테리어를 조금씩 바꿔보고 있다. 정리하면서 진작에 버렸어야 하는 것들을 발견하게 됐다. 몇 년이 지나도 비워내지 못했던 것은 언젠가 쓰일 거라는 기대 섞인 미련 때문일까? 아니면, 나중에 하자며 미루는 게으름 때문일까?

일이나 공간, 관계까지 '피드백'이 중요하다는 것을 깨닫는다. 이렇게 보면 청소는 곧 시간과 노력을 들여 '나'의 주변을 돌아보길 선택하는 과정이다. 즉, 주기적인 청소는 삶을 정비하며 살아가는 삶의 좋은 태도다. 남은 삶을 가치 있게 보내기 위해 반드시 내 것으로 만들어야 한다. 무작정 달려가기보다 종종 방향을 점검하며 가자. 욕심에 기울어져 있진 않은지, 본질보다 겉멋에 취해 살고 있지는 않은지….

아, 공간을 비워내니 생각도 비워지는구나. 비워야 할 생각과 채워야 할 생각을 잘 구분하자.

장작 나무

타닥타닥. 타들어 가는 나뭇조각들을 보면서
불멍을 하다가 글을 끄적인다.

사람들의 인생이 꼭 땔감 같다는 생각이 든다.
크고 작은 길이로 서로 다르게 잘려 있는 나뭇조각.

길이나 밀도, 습도도 다 다르지만
모두가 나무라는 사실은 변함이 없다.

그러고 보면 결국 인생은 무언가에 뜨거워져
연소하는 과정인 것 같다.

스스로 종종 물어야 한다.

'나는 무언가에 몰입해서
 정말 뜨겁게 살아본 적이 있나?'

계속 머뭇거리다가는
습기 먹고 벌레 먹어서
제대로 활활 타올라 보지도 못하고
결국 버려진다.

부디 의미 있게 활활 타오르는 인생이자.

틈만 나면 하는 것이 당신을 결정한다

당신이 틈만 나면 하는 것은 당신의 삶의 방향을 결정한다. 자투리 시간이 날 때, 당신은 무엇을 하고 있나?

습관적으로 휴대전화를 보는 사람과 단 5분이라도 책을 가까이하는 사람의 10년 후 삶이 다르다는 것은 불 보듯 뻔하다. 한 명은 남 탓하며 살고 있을 것이고, 다른 한 명은 그제야 자기다운 삶의 맛을 누리며 살아가고 있을 것이다.

틈만 나면 쉬거나 아무것도 하지 않는 사람은 인생을 너무 만만하게 보고 있는 것이다. 질병, 사고, 뒤통수, 경기침체, 해고, 이별, 이혼, 죽음과 같은 인생의 고난들은 예고 없이 우리를 찾아온다. 심지어 한꺼번에 오는 경우도 많다.

퇴근 후에도 책을 읽으며 늦은 시간까지 자기 공부

를 하는 사람들은 마치 모진 풍파에 맞서기 위해 체력을 키우고 밧줄 묶는 연습을 하고, 수영을 미리 배워두는 선원들과 같다. 그래서 지혜의 신 미네르바의 이름이 '미리 안다'로 통칭하는 것이다.

가장 불행한 것

인생에서 가장 불행한 순간은 평범한 일상을 누릴 수 없을 때다. 무너지기 전에는 절대 모른다. 아침에 눈을 뜨고, 든든하게 밥을 챙겨 먹고, 스스로 샤워하고, 모닝커피 하나를 들고 회사로 출근하는 평범한 하루가 얼마나 소중한 것인지.

삶에 당연한 것은 없다. 사실은 당연한 것이 아니라 모두가 감사해야 하는 일이다. 걷는 것, 먹는 것, 눕는 것, 자는 것, 뛰는 것, 웃는 것, 우는 것, 안는 것 모두 당연한 일이 아니다. 내가 당연하게 여겼던 것들이 누군가에게는 평생의 소원일지도 모른다.

그러니 열심, 승진, 성과, 자랑, 박수, 인정, 돈 같은 것들 때문에 평범한 일상이 무너지지 않게 정신을 바짝 차려야 한다. 조금은 지겨울 정도로 안정적이고 반복되는 일상이 유지되는 덕분에 여행이나 일탈에 의미가 생기고 값진 것이 되는 것이다.

행복한 시간이 이어지기 위해

최근 참석했던 조찬모임에서 한 대표님과 '행복'에 대한 이야기를 잠시 나눴다.

"소장님은 언제가 가장 행복한 것 같으세요?"
순간 나는 지뢰를 밟은 사람처럼 몸이 굳어짐을 느꼈다. 분명, 이 상태로 무언가 말을 하면 거짓 행복을 말할 것 같아 솔직히 말씀드렸다.

"부끄럽지만 최근에는 열심히 일하는 순간들만 떠오르네요. 혹시 대표님의 이야기를 먼저 요청드려도 될까요?"
"아, 그러시구나. 저는 제 아이의 입에 좋아하는 치즈볼을 넣어줄 때가 제일 행복한 것 같아요. 오물오물 씹는 그 입 모양, 볼 안 가득 치즈볼을 넣고 저를 보며 웃어줄 때 진짜 행복합니다!"
"그렇네요. 내가 사랑하는 사람의 행복을 옆에서 지켜보는 그때가 제일 행복한 순간인 것 같네요. 일을 열심히 하는 것도 그 순간을 계속 이어 나가기 위함이니까요."
"맞아요. 신기한 건 저와 아이의 모습을 보는 아내도 덩달아 미소 지으며 행복해한다는 거예요. 마치 전염되는 것처럼요. 사랑하는 사람들과 서로 마주 보는 시간이 많을수록 행복해진다는 걸 알게 됩니다. 이제부터라도 이 단순한 행복의 원리를 벗어나는 일은 하지 않으려고요…."
실제로 그는 얼마 전에 공기업의 센터장 자리를 스스로 내려놓았다.

모임을 마치고 다시 돌아오는 내내 '행복'에 대해 생각하게 된다. 결국 삶은 '누구'를 내 행복의 울타리에 넣어 함께 할 것인가? 그리고 그 사람들을 '어떻게' 행복하게 만들 것인가? 이 두 가지 질문에 대한 답을 찾아가는 과정이라 할 수 있겠다.

그래서 '사람 공부'라 불리는 인문학 공부가 필요한가 보다. 사람의 본질과 필요를 시대성에 맞게 전달할 수 있는 공부를 해 놓으면 모두가 행복한 비즈니스를 할 수 있을 테니까. 생각해 보니 내가 원했던 비즈니스 모델을 쉽게 요약하면 '제로섬 게임 벗어나기'였다.

경쟁의 결과가 '소수의 행복, 다수의 불행'이라면 그 것은 스펙 인플레이션을 가속할 뿐이다. 남은 피자로 싸우기보다 피자를 만들 수 있는 화로를 하나 더 만들어내야 한다. 아, 결국 이것이 '창직'과 '창업'이다.

사업계획서가 잘 안 써져서 글쓰기로 도망 왔더니 다시 '사업계획서를 잘 써야 한다'로 돌아와 버렸다. 좋은 비즈니스 모델을 가진 회사들 잘 키워서 멘티들 싹 다 고용해 버려야겠다. 딱 기다려라.

계획을 위한 계획을 멈춰라

하루 종일 계획표만 붙잡고 사는 사람들을 자주 마주한다. 심한 이들은 1분 단위로 계획을 세우는데 그대로 흘러가지 못하는 하루에 고통스러워한다. 이렇듯 빼곡하게 세워놓은 계획보다 중요한 것이 있다. 바로 '목적'과 '피드백'이다.

계획에는 분명한 목적이 있어야 한다. 그러니 '열심히 사는 하루'와 같은 두루뭉술한 목표를 가지고 여러 사람의 계획들을 짜깁기하듯 내 다이어리에 적어본들, 그것은 온전히 나의 것이 되지 못한다. 다이어트하는 목적조차 미용, 건강, 마케팅, 사랑에 이르기까지 너무나 다양하기 때문이다.

그러니 내 인생 전체의 목적을 제대로 알지 못한다면 살아왔던 날들을 피드백해 보며 가만히 성찰해 보는 시간이 훨씬 더 필요하다. 내가 진짜로 하고 싶은 것은 무엇인지, 내가 그림을 그릴 때 왜 그렇게 즐거워하는지, 내가 사람들 속에 속해있고 싶은 마음이 불안 때문인지 배움 때문인지 등 나에 대해 면밀히 탐색해 보는 생각의 시간이 바로 성찰이다.

이런 사전 작업이 있을 때 비로소 계획이 그 진가를 발휘한다. 목적에 맞는 계획만 세울 수 있을 때, 비로소 시간의 우선순위가 정해지기 때문이다. 목적지에 다다르기까지의 여정이 비로소 내비게이션의 길 찾기처럼 나열될 수 있기 때문이다. 그러니 부디 인생 최대 목적이 '오늘도 운동은 했다.' 또는 '그래도 영어 공부는 하고 있잖아?'와 같은 자기만족에 빠져 의미 없이 계획표를 점검하는 것이 되지 않게 해야 한다.

그보다 더 장기적이고 근본적인 인생의 본질을 가만히 생각해 보는 시간을 갖자. 누구에게나 반드시 자신만의 의미를 발견하고 그것을 나타내며 살아갈 수 있는 곳이 하나쯤은 있다. 그러니 학교에 다니고 직장을 다니는 것 또한 그것을 발견하기 위함이어야 한다. 생계와 생존 자체가 인생의 목적이 되지 않기 위해 늘 애써야 한다. 생존을 넘어 의미를 찾고 또 누리는 인생이 되자.

핑계보다 방법을 찾는 사람

상처가 많은 사람들은

1. 자신의 힘듦을 아무도 모른다며 분노한다.
"그 정도 아픔은 누구나 가지고 살아." 어쩌면 이 말은 아프고 힘들었던 시절을 겪은 사람들이 가장 듣기 싫어하는 말이 아닐까. 원래 상처의 무게는 본인만 아는 것이니까. 하지만 반대로 생각해 보자. 상처가 많은 당신 역시 다른 이들의 상처를 제대로 알지 못한다. 허허실실 웃기만 하던 그 사람도 알고 보면 너덜너덜한 상처를 딛고 살고 있을지 모른다. 그러니 내 상처를 알아달라고 하기 전에 다른 사람들의 상처를 볼 수 있는 따뜻함을 길러라. 그렇게 서로의 상처를 돌아볼 수 있는 눈이 생기면 그제야 사람이 사람다워지고 관계가 관계다워진다.

2. 과거의 상처와 오늘 벌어지는 일을 겹쳐 생각한다.
분명 잘 생각해 보면 지금 상황은 과거의 그 일과는 아무런 관련이 없다. 하지만 나도 모르게 지금 내 눈앞에 있는 사람에게 그 시절 그때는 하지 못했던 말과 행동을 기어코 하고야 만다. 전후 사정을 모르는 상대방은 당신의 갑작스럽고 과한 반응에 적잖이 당황할 것이다. 그렇게 사람들과 나 사이에 보이지 않는 벽이 또 생기고야 만다. 그렇게 조금씩 섬 같은 인생이 되는 거다.

나중에 왜 아무도 나를 구해주지 않느냐며 발악을 해봤자 소용없다. 구조대를 돌려보낸 건 당신이니까. 그러니 부디 과거의 그 일과 겹치는 상황이 생겼을 때 있는 힘껏 입술을 깨물고 말을 아껴라. 손가락도 함부로 날뛰지 못하게 막아라. 벙어리 장갑을 껴서라도. 그리고 그날이 가기 전에 그 사람에게 당신의 상처를 차분히 글로 알려라. "그게 나와 무슨 상관?"이라고 한다면 손절하면 되고 "그랬구나, 힘들었겠다~" 하면 친구 삼으면 된다.

3. 양가감정에 자주 빠진다.
상처가 많은 사람일수록 자주 감정의 혼란을 겪는다. 그래서 혼자 있는 편함을 원하지만 동시에 사람들과 함께 있는 따듯함도 원한다. 사랑을 갈구하다 가고 갑자기 사랑에 분노하기도 한다. 큰 상처는 그만큼 사람을 헤집어 놓기 때문이다. 그래서 상처가 깊을수록 자신이 무엇을 원하는지, 어떤 때 행복해하고 무엇에 슬퍼하는지 스스로 잘 알지 못한다. 그런 사람에게는 균형이나 적당함, 중간이라는 단어가 없다. 극단으로 치달아야만 자신을 지킬 수 있다고 착각하기 때문이다.

이때 유일한 해결책은 안정감을 가진 사람을 옆에 두는 것이다. 크고 작은 일에 쉽게 휘둘리지 않고 남이 뭐라 하든 자신의 인생을 살아갈 줄 아는 사람 옆에 코알라처럼 붙어 지내라. 필요하면 맛있는 걸 사 먹이거나 애교를 떨어서라도 햇볕 같은 사람 옆에서 광합성을 해라. 그렇게 시간을 들여 예민함을 가라앉힐 필요가 있다. 그래야 다시 생기가 돌고 언젠가 꽃피는 날도 온다.

주변에 사람이 줄어드는 것 같을 때

친구가 인생의 전부인 시절이 있다. 그들의 한마디 말에 하루에도 몇 번이고 기분이 좋았다가 나쁘기를 반복해야 하는 시절. 그렇게 평생을 함께하자며 떡볶이로 맺은 도원결의는 쏟아진 어묵 국물처럼 학교와 직장으로 흩어진다.

그렇게 많은 이들이 사무치도록 외로운 시간으로 성인식을 치른다. 아마 그때부터일 것이다. 사람을 너무 깊게 사귀지 말아야겠다고 결심하게 되는 순간이. 버림받을까 봐, 또다시 혼자가 될까 봐 두려워 기꺼이 혼자 있기를 택하는 시기를 마주한다.

그러다 사회에 나오면 '더 이상 혼자였다가는 뒤처지겠다' 싶은 불안에 또다시 사람들 속으로 나를 밀어 넣는다. 하지만 그런 카르텔 같은 관계들도 직장을 옮길 때마다 처음부터 다시 시작해야 하는 부담이 있다.

여기까지 겪어보면 사람들과의 관계에 큰 기대를 하지 않게 된다. 그래서 점점 주변 사람들의 수가 예전보다 확연히 줄어든 것 같은 생각이 발목을 잡는다. 그때 '내가 인생을 잘못 살았나?'와 같은 자조적인 생각을 할 필요 없다. 관계는 넓이보다 깊이가 훨씬 더 중요하니까.

오히려 '이제는 관계에 기대지 않아도 나 혼자 살 수 있는 나이가 되었구나…'라고 생각하자. 그리고 '이제야 내 주변에 꼭 필요한 알곡 같은 사람들만 남았구나…' 생각하자. 혼자 있는 시간이 많아질 때 '드디어 홀로 설 수 있는 힘을 가진 나이가 되었구나…'라며 보다 성숙해진 나를 다독여주자.

조금 떨어져 있어야 모두 어른이 된다

"엄마, 나라서 이럴 수 있는 거야…."
드라마 『더 글로리』에서 문동은이 자신의 엄마를 정신병원에 입원시키면서 했던 말이다. 알코올 중독에, 틈만 나면 자신에게 돈을 달라고 하고, 말을 듣지 않으면 집에 불을 지르는 엄마의 모습을 보면서 내내 가슴이 아려왔다. 상담 중에 알게 되는 수많은 멘티의 부모들이 겹쳐 보였기 때문이다.

누구나 화목하고 행복한 가족을 꿈꾼다. 하지만 부모 세대부터 내려온 상처와 삶의 가시들이 우리를 가만히 내버려두질 않는다. 그래서 종종 많은 청년이 자신의 꿈과 비전을 찾아야 하는 시기에 가족의 문제를 해결하기 위해 나의 문제를 미루는 선택을 한다. 나는 이 결정에 반대한다. 그 이유는 다음과 같다.

첫째, 부모의 문제는 부모에게 맡겨야 한다.
부모의 문제를 자식이 떠안는 것만큼 불행한 것이

없다. 보통 부모가 겪는 문제들은 단발성이 아니다. 그래서 눈앞의 문제를 대신 풀어내면 이내 비슷한 문제가 또 일어난다. 이 굴레에 빠진 청년들은 자신의 삶을 돌아보려는 마음이 들 때마다 사치를 넘어 죄책감까지 느끼게 된다. 결국 얼마 지나지 않아 가족 모두가 그 문제의 굴레에 빠져 헤어 나올 수 없는 지경에 이르곤 한다. 그러니 부모의 문제는 그들 스스로 풀 수 있는 기회를 주는 게 맞다. 도움을 주고 길을 알려줄 수는 있어도 내 문제인 것처럼 나서서 풀어내지는 말라는 말이다. 이는 곧 부모 역시 자식으로부터 독립되지 못했다는 방증이니 어른이 어른다울 기회를 주는 것이 도리이다. 정말 부모를 위한다면 이기적인 새끼라고 잠깐 욕먹는 걸 두려워 말자.

둘째, 무조건적 희생은 사랑이 아니다.
진로상담을 하다 보면, 가족 중 한 사람의 전적인 희생으로 가족의 생계가 흘러가는 경우를 자주 본다. 그런 가족의 청년들은 밤낮없이 일하고 새벽에 일어나 공부하는 삶을 꾸역꾸역 살아낸다. 그러다 곧 몸과 마음이 고장 나 버린다. 하지만 슬퍼할 겨를도 없이 또 다른 아르바이트를 찾아 나서야 한다. 이번 주까지는 가족들에게 돈을 보내야 하니까. 가족의 문제를 모두가 힘을 합쳐 해결해 나가려는 노력은 당연히 옳다. 하지만 그것을 가족 한 명에게 짐을 지우고 나머지 구성원이 그 문제를 해결할 의지 없이 문제를 반복하는 것은 불평등하다. 그러니 의미없는 물타기는 멈추어라. 이것은 가족뿐 아니라 모든 관계에서도 마찬가지다.

셋째, 고민에도 다 때가 있다.
애석하게도 시간은 우리를 기다려 주지 않는다. 20대 초반에 해야 하는 고민이 따로 있고, 직업을 고민할 때 해야 하는 고민의 종류와 때가 모두 다르다. 만약 자신의 삶을 진중하게 들여다봐야 하는 시절을 보내고 있다면 그 고민에 적절한 시간과 노력을 투입할 필요가 있다. 고민이 후회되지 않으려면 제때에 고민해야 한다는 말이다. 가정의 문제를 모두 해결해 내고 '이제 제대로 좀 고민해볼까?' 싶겠지만 사회가 당신을 원하는 때와 내가 준비된 때가 딱 들어맞을 확률은 굉장히 낮다.

가족을 외면하라는 것이 아니다. 순서를 잡으라는 말이다. 지금 내 상황에서 정책적인 도움을 얻으려면 언제까지 무엇을 제출해야 하는지 등을 알아보고 구체적인 시간 계획을 세워놓을 필요가 있다. 그 이후에 가족을 챙겨도 늦지 않다.

삶의 출발선이 다르다고 불평하는 데 많은 시간을 할애하는 것만큼 어리석은 것이 없다. 불평하거나 부러워하는 데 마음 쓰지 말고 지금 내게 주어진 상황에서 나를 잃지 않으며 가족을 돌아볼 수 있는 묘수를 찾는데 집중해야 한다. 그러다 보면 그 삶의 문제들이 풀리든 풀리지 않든 '어려운 상황에서도 살아내는 법을 배운 나'를 마주하게 될 것이다. 그리고 그렇게 모두 어른이 된다.

과거의 상처를 돌보다 놓치는 것

놀이터에서 나보고 못생겼다고 놀리는 6살 친구의 말. 간식 사 먹을 돈도 없냐며 큰 소리로 놀렸던 15살 밉상의 말. 전체 회의에서 상사의 큰 목청으로 10분 넘게 들어야 했던 나의 약점들까지. 그저 주어진 것에 열심히 했을 뿐인데 오해와 오해가 겹쳐 내가 그들에게 천하의 개새끼가 되어 있다는 것을 알게 되는 순간들…. 어째서 이런 기억은 그리도 선명할까.

큰 돌덩이 속에서 생각하는 사람을 구출하는 오귀스트 로뎅처럼 우리는 굳이 그 상처들을 오늘도 하나씩 다시 깎으며 마음에 새긴다. 야속하게도 간절히 잊고 싶은 기억일수록 더 잊을 수가 없더라. 어느 순간 내 삶의 목적이 잘생겨 보이는 것이나 돈을 많이 버는 것, 사람들 앞에서 칭찬을 받는 것, 또는 나에 대한 오해를 풀어내는 것이 되어 버렸으니까.

그러다 문득 깨닫는다. 불행한 과거를 위해 시간을

소진하면 오늘 역시 점점 불행한 과거가 되어 간다는 것을. 그렇게 상처받은 과거의 나를 돌보는 것만으로 하루의 일상을 채우다가 현재의 내가 또 다른 상처를 받는다는 걸. 두렵다. 이렇게 살다가는 자기보다 큰 짐승을 기어코 삼켜내는 뱀처럼 과거의 상처가 내 인생 전체를 집어삼킬까 봐.

힘들었던 과거 때문에 오늘을 놓치지 말자.
오늘도 곧 과거가 된다.

플로리다 프로젝트

모두가 자본, 흥행, 총과 칼을 말할 때
분배, 행복, 아이를 말하는 영화.

귀여운 주인공 소녀 '무니'가
쓰러진 나무를 보며 했던 대사는

퇴사하고 방에 틀어박혀 살던 나를
다시 세상 밖으로 나오게 했다.

"내가 왜 이 쓰러진 나무를 좋아하는지 알아?
이 나무는 쓰러져도 계속 자라거든."

가장 고통스러운 순간

누구나 인생이 풀리지 않는 순간들이 있다. 기대만큼 일이 잘되지 않고, 관계가 틀어지며 통장이 가벼워져 가는 그런 순간들. 물론 상황이 꼬일 대로 꼬이는 것도 고통스럽다. 하지만 이보다 더 고통스러운 순간이 있다. 바로 '문제가 무엇인지 알면서도 바뀌지 않는 시기'다.

일찍 잠들지 않고 새벽까지 유튜브를 보거나 의미 없이 SNS를 하면 분명 내일 일도 힘들고 지치고 스트레스가 많을 거라는 것을 잘 안다. 하지만 마음과는 다르게 손에서 핸드폰을 내려놓지 못한다. 이럴 때 가장 고통스럽다. 알면서 바뀌지 않는 내가 한심하니까. 또 그런 내 모습에 나를 아끼는 사람들은 얼마나 실망할지 모르니까.

이럴 때는 "내일부터 제대로 살 거야!"라는 결심보다는 습관을 고쳐나가는 행동전략이 필요하다. 기억해야 한다. 우리의 결심이나 의지는 유한자원이라 풍선에 바람 빠지듯 눈에 보이지 않게 소멸한다는 걸. 그러니 의지가 없을 때도 움직일 수 있는 자동화 시스템이 필요하다. 그리고 그걸 '습관'이라고 한다.

습관은 하루아침에 만들어지지 않는다. 좋은 습관 한 가지는 수많은 작은 습관들이 모여서 완성이 된다. 그러니 가장 먼저 해야 할 것은 나쁜 습관과의 '거리두기'다. 핸드폰을 신발장 위 주머니에 넣고 거실에 들어간다든지, 거실 충전기에 핸드폰을 꽂아둔 채 침실에는 절대 가지고 오지 않는 연습부터 하면 된다.

핑계보다 방법을 찾는 사람

멈출 수 있는 용기

나는 연초가 되면 아주 과감하게 전화번호부를 리셋해 버린다. 연락이 올 사람들은 또 연락하게 될 것이고, 저장만 하고 연락하지 않는 사람들에게는 미련을 두지 않기 위해서다. 그렇게 5천 명이 넘는 연락처가 이제 3백 개로 줄었다. 사실 그래도 많다.

관계뿐 아니라 생각 또한 정리가 필요하다. 그렇게 주기적으로 정리하다 보면 알게 된다. 많은 것을 해내야 한다는 부담감 때문에 내 일상에서 작은 균열들이 생기고 있다는 사실을. 많은 것을 움켜잡고 있으면 새로운 것을 잡을 수 없다는 것을.

하지만 우리는 종종 내가 감당할 수 있는 크기보다 더 큰 것을 담으려는 수작을 부린다. 그렇게 무리하게 되고 그러다 보면 시작된 작은 균열이 잦은 실수로 이어지게 된다. 그러면 그 실수를 만회하기 위해 우리는 더욱 바빠질 수밖에 없다.

방향을 잃은 기분이 들 때 해야 하는 가장 현명한 대처는 걸음을 멈추고 삶을 정비하는 것이다. 그것이 무엇이든 멈추는 데는 용기가 필요하다. 힘을 쥐어짜서 조금만 더 달리면 훨씬 좋은 결과를 얻을 수 있을 거라는 착각에서 하루라도 빨리 벗어나야 한다.

생각이 복잡하고 너무 많은 것을 하고 있다는 생각이 들 때는 더 오래 일하는 것이 아니라 페이스 조절을 위해 쉬자. 생사가 오가는 야생 바닥에서도 낮잠을 자는 사자처럼 쉬어야 한다. 그렇게 무의미한 열심의 소용돌이에서 빠져나와 인생을 점검하는 시간이 많아질수록 느낄 것이다.

'나는 가젤이 아니라 사자일 수도 있다'

성장보다 성품이 먼저다

함께 있어도 불안한 사람이 있고 옆에 없어도 든든한 사람이 있다. 왜일까? 바로 정서적인 안정감과 신뢰감, 그리고 편안함 때문이다. 애석하게도 이런 사람을 곁에 많이 둘 수 있는 행운은 드물다. 인생에 한 명만이라도 이런 절친을 만나게 되면 감사해야 한다.

그들은 매사에 무언가를 성급히 처리하는 법이 없다. 늘 여유롭게 행동하고 조금 느릿하게 말하며 딱 인자함 정도까지만 입꼬리가 올라가 있다. 희한하게도 그들에게는 나의 고민과 아픔까지 털어놓고 싶어진다.

이것이 성품 관리의 힘이다. 언제나 청결에 신경 쓰고 사람들의 이야기를 눈을 마주 보며 들을 줄 알고 꼭 필요한 말만 한다. 이들은 서두르지 않고 편안하게 기다리는 것이 사람들의 신뢰를 얻기에 좋은 방법이라는 것을 본능적으로 아는 것만 같다.

신뢰가 쌓이면 좋은 기회가 저절로 생긴다. 기회는 준비된 사람에게 성장의 발판이 된다. 물 흐르듯 자연스럽게 성품이 성장으로 연결되는 것이다. 안타깝게도 이 순리의 과정을 반대로 하는 사람들이 꽤 많다. 요란하고 과장되게 성장을 입에 담는 사람들일수록 기회에서 멀어지고 이내 신뢰까지 잃게 된다.

그러니 성장보다 성품을 먼저 관리하자. 아끼는 사람들에게 좋은 사람일 수 있는 태도와 말투와 지식을 먼저 갖추자. 내가 먼저 좋은 사람이 되기 위해 노력하다 보면 좋은 인연과 좋은 기회가 조금씩 나를 찾게 된다는 이치를 의심하지 말자.

가로등 같은 사람

누군가가 나에게 "20대로 돌아가면 무엇을 하겠냐?"라고 질문한 적이 있다. 나는 몸서리를 치며 다시는 그때로 돌아가고 싶지 않다고 딱 잘라 말했다. 지금도 종종 고민 많고 불안하고 돈도 없던 그 시절로 돌아가는 악몽을 꾸기 때문이다. 마치 군대에 다시 들어가는 꿈처럼.

이제야 나의 20대 같은 때를 겪는 주변의 멘티들을 보면서, 나의 그 시절보다 조금 덜 고통스럽기를 바란다. 그래서 나는 그들에게 가로등 같은 존재가 되어주기를 자처했다. 내가 되어주려는 가로등의 의미를 되짚어 본다.

첫째, 가로등의 존재는 곧 '길'이다.
가로등은 낮과 밤 모두 그 자리를 항상 지킨다. 낮에는 굳이 나서지 않지만, 가로등 그 존재만으로도 '여기에 길이 있다'는 것을 암묵적으로 안내한다. 그저 고개를 들고 그다음 가로등을 찾기만 해도 그는 최소한 길을 잃지는 않을 수 있다. 길이 먼저 있고 그 위에 만들어진 것이 가로등이기 때문이다.

둘째, 밤이 되면 가로등은 안전한 보호망이 되어준다.
짙은 어둠이 깔리면 가로등은 빛을 내어 '안전하게' 길을 가도록 돕는다. 어떤 경우는 길 위의 유일한 빛이 가로등일 때도 있다. 사람들이 어두운 시절에도 해가 다시 뜰 때까지 기다릴 힘을 비축하게 도와주는 것이다.

셋째, 당연한 것 취급해도 괜찮다.
이렇게 낮과 밤을 가리지 않고 사람들을 도와주지만, 보통 사람들에게 기억되는 것은 가로등 빛이 아니라 가로등 너머의 '달빛' 혹은 '별빛'이다. 애초에 박수받기 위해 시작한 일이 아니기에 괜찮다. 그저 낮과 밤 모든 시간에서 그들이 길을 잃지 않고 안전하게 비전을 찾아가길 바랄 뿐이다.

넷째, 어둠을 찾아 빛으로 채운다.
그러다 언젠가는 그들 역시 만날 것이다. 길이 있지만 가로등이 아직 없는 곳을. 그때는 부디 익숙하게

핑계보다 방법을 찾는 사람

안전한 가로등이 있는 길을 가기보다 먼저 길 위에 가로등을 세우는 사람이 되기를 바란다. 희미한 불빛이라도 다음 사람들을 위해 '여기에도 길이 있다'를 외쳐줄 수 있는 어른으로 살아가는 선택을 했으면 좋겠다. 나도 이런 삶을 살기 위해 새벽부터 잠들 때까지 거의 매일 14시간을 공부하고 있다. 오늘은 달빛 아래에서 달콤한 커피를 마셔야겠다.

보여지는 일보다 의미 있는 일

어렵게 들어간 회사에서 퇴사를 결심했던 순간을 기억한다. 나보다 선배인 그의 입술에서 "뭐 의미를 알려고 해. 그냥 열심히 한 것처럼 보이게 일해. 월급이나 따박따박 받고…."라는 말을 들었을 때다.

놀랍게도 그의 말은 사실이었다. 회사에서 필요한 일을 하려는 사람은 '일 만드는 사람' 취급을 받았고, 온갖 정치질과 리액션으로 상사의 눈웃음을 끌어내는 사람은 좋은 평가를 받았다. 애석하게도 나는 '그런 게 사회생활이다'라는 말에 동의하는 사람이 아니었다. 아니, 만약 그런 모습이 내가 그토록 바라던 사회인의 모습이라면 나는 기꺼이 그 집단에 속하기를 거절하기로 했다.

정기적으로 받던 월급이 없어지고 그렇게 피하고 싶었던 '뭐 해 먹고 살아야 하나…?'라는 고민이 시작되었다. 돈이 없어 매일 아침 시립도서관을 찾았다. 그리고 눈에 보이는 책들을 모조리 읽어버리겠다는 각오로 책을 옆에 탑처럼 쌓아두고 읽어가기 시작했다. 그렇게 해서라도 '내가 무엇을 해야 하는 사람인가?'에 대한 답을 찾고 싶었다. 돌이켜보면 통장은 분명 가벼워졌지만, 삶의 무게 중심을 잡을 수 있는 시간이었다. 신기하게도 그 1년 반의 시간 동안 나는 '내가 정말로 살고 싶은 삶'에 대해 성찰할 수 있었고, '타인에게 잘 보이고 싶어 했던 선택'을 하나씩 지워갈 용기가 생겼다.

가장 먼저 휴대전화 연락처를 초기화했다. 관계에 끌려다니다가는 영영 내 길을 찾지 못할 것 같았다. 그렇게 책과 기록만으로 하루를 채운 시간을 보냈다. 그리고 남은 것들을 메모장에 적어 보니 토론 교육, 지식의 공유, 이타적 기여와 같은 굵은 줄기가 보였다. 그리고 한 가지를 결심했다. 이제부터 그 줄기 말고는 모든 것을 끊어 버리기로. 영화, 게임, 갑작스러운 만남, 예능, 취미 활동 등을 모두 없애거나 줄였다.

하지만 나 역시 구체적인 방법을 몰라서 어쩔 수 없이 허우적대는 시간을 만나야 했다. 진로 교육을 배우기 위해 가는 곳마다 마치 갓 입대한 이등병처럼 멍청해 보이는 모습을 드러내야 했다. 다행인 것은 순간의 부끄러움보다 제대로 나의 길로 만들고자 하는 열망이 더 컸다는 것이다. 처음에는 부끄러웠지만 이내 모르는 것을 숨기는 것이 더 부끄러운 것이라 여기게 되었다.

그렇게 강의하고 글을 쓰며 나만의 교육과정을 만들었더니 어느새 15년 차 교육회사의 대표가 되어 있다. 그리고 이제는 주변의 많은 멘티가 "멘토님 하시는 일 저도 하고 싶어요."라고 한다. 그들에게는 기존에 없었던 '북유럽형 진로 교육'이라는 길이 열린 것이다. 이제는 절대 불가능해 보이던 길도 사실은 '아직 가보지 않은 길'일 뿐이라는 것을 안다. 그래서 주변 사람들이 "그게 되겠어요? 제가 해봤는데 안 돼요, 그거."라고 말하는 길이 내게는 훨씬 더 매력적으로 보인다. 일종의 도전 의식이 생겼다고나 할까.

가장 달라진 것은 매일의 삶이 순간순간 의미를 느낄 수 있는 시간으로 채운다는 점이다. 내가 하는 공부가 누군가에게 절망 앞 동아줄이 되고, 오랜 고민의 답을 찾아갈 실마리가 되기도 하고, 간혹 꿈이나 길이 되기도 하니까.

이제야 비로소 진짜 인생을 사는 기분이다. 많은 사

람이 하루라도 일찍 이런 생각과 감각을 자신의 것으로 만들 수 있도록 돕는 것이 내 인생의 의미가 되었다. 역시 인생의 의미는 찾는 것이 아니라, 나 스스로 부여하는 것이었다. 얼마나 다행인지.

화날 때는 입을 다물어라

가족 여행 중에 생전 처음 가보는 곳의 식당을 방문한 적이 있다. 한창 사람들이 붐벼야 할 저녁 시간이었지만 테이블은 모두 비어 있었다. 배고프다는 말을 연거푸 반복하는 아이들 때문에 메뉴를 이리저리 골라볼 사치를 부릴 수도 없었다.

"사장님, 제일 빨리 되는 메뉴로 부탁드립니다!"
"예~"

사장님은 한 손에 든 전화기를 귀에 대고 나머지 한 손으로 메뉴판을 겨드랑이에 끼워 넣으며 말했다. 주방으로 돌아가는 사장님을 따라 술 냄새가 진한 향수처럼 진동했다. 평소 같았으면 바로 자리를 박차고 나왔겠지만, 메뉴를 주문하는 동안 벌써 밑반찬을 두 접시째 입에 욱여넣고 있는 아이들 때문에 참기로 했다.

사장님은 주방 커튼 사이로 전화를 받느라 한 손으로 계속 이리저리 음식을 만들었다. 그러다 들릴 듯 말 듯 "아, 왜 마감 시간에 와서…"라는 말을 반복하는 것 같았다. 목젖까지 화가 치밀어 올라 의자를 뒤로 빼려는 찰나 아내가 내 손 등 위로 자신의 손을 차분히 올려놓았다. 내 표정의 변화를 다 읽고 있었나 보다.

시장이 반찬이라 우리 넷은 거의 설거지하듯 그릇을 모두 비웠다. 계산하며 나는 버릇처럼 문 앞에서 "인사해야지~"라고 말해버렸다. 괘씸해서 그냥 가버리려 했는데 역시 습관이 무섭다. 거의 90도로 인사하는 아이들에게 사장님은 사탕을 하나씩 쥐여주며 말했다.

"많이 먹었지? 많이 배고팠나보네…. 아이고~ 귀엽네, 녀석들…"

사장님은 계산을 마치자마자 대충 가게를 정리했다. 이내 불을 끄고 우리 바로 뒤에 따라 나오며 셔터까지 내렸다. 그러고 보니 이미 택시 한 대가 가게 앞에서 그를 기다리고 있었다. 그런 사장님께 나는 또 다른 술 약속이겠거니 싶어 빈정대는 말투로 물었다.

"뭐, 급한 약속이라도 있으신가 봐요?"
"아니, 손주들이 좀 다쳐서 병원에 있다네요. 걱정이 돼서 얼른 가봐야겠어요. 다음에 또 와요~"
맙소사. 배고파하는 우리 아이들 때문에 자기 손주들 다친 병원 가는 발길을 돌리셨다니. 그제야 모든 상황이 이해가 됐다. 왜 전화를 놓칠 수 없었는지, 왜 음식을 가져다주는데 반쯤 정신이 나간 사람처럼 있었는지. 분명 주방에서 들려왔던 목소리는 손님 받지 말고, 바로 병원으로 오라는 가족들의 외침이었을 것이다. 그는 내 아이들의 배고픔을 모른 척 할 수 없어 기꺼이 밥을 해서 먹인 은인이었다.

목젖까지 올라왔던 그 말을 입으로 내뱉었다면 어떻게 됐을까를 생각하면 아직도 아찔하다. 나의 분노가 늘 합리적일 것이라는 생각을 애초부터 버리자. 우리는 늘 인생의 일부를 보고 전부라 여기는 실수를 범한다. 30초의 침묵이 평생의 후회를 줄여준다는 것을 잊지 말자.

핑계보다 방법을 찾는 사람

포기하고 싶을 때 다시 힘을 내게 해줬던 말

누구에게나 시련은 찾아온다. 그것도 우산 없는 날 쏟아붓는 소나기처럼. 내가 시련 앞에 절망하고 있을 때 그 소나기 속에서 살아가는 방법을 찾는 사람들이 있다. 포기하고 싶었을 때 나를 일으켜 세워줬던 그들의 말을 공유해본다.

절제
배가 불러 둔감해질 때까지 먹지 말라.
늘 날카로운 판단력을 유지하라.

질서
모든 것이 제자리에 있게 하라.
시간과 물건과 정신과 사람, 모두.

결단
해야 할 일이 있다면 결심하라.
또 결심과 행동의 거리를 좁히는 데 최선을 다하라.

검소
미래의 소득을 끌어당겨 지출하지 말라.
이것은 시간과 돈 모두를 낭비하는 것이다.

근면
꾸준한 반복만이 탁월함을 만든다는 것을 믿어라.
다양한 호기심의 유혹을 이겨내라.

중용
극단적으로 생각하고 행동하는 것을 피하라.
세상이 단순해 보이면 당신의 오만과 무지 때문이다.

나에게 가장 필요하다고 느끼는 것은 무엇인가?

짧아서 값진 것들

좋은 것들은 대체로 짧다.

봄, 벚꽃, 햇살, 노을, 윤슬, 방학, 낮잠, 선물,
청춘, 주말, 연차, 설렘, 소개팅, 첫사랑, 첫 키스,
월급통장, 여름휴가, 심야 영화, 혼자 여행,
맛집 탐방, 기념사진, 재즈 공연…

그리고….
가족들과의 시간.

완벽주의만 내려놓을 줄 알아도

전국의 많은 학생을 진로 캠프나 컨설팅의 자리에서 만난다. 유독 한국 학생들에게 특히 드러나는 독특한 문화가 있는데, 바로 '완벽주의'다. 처음부터 끝까지 완벽하게 자신의 계획대로 상황이 흘러가지 않으면 과하게 분노하거나 그때부터 과정에 참여하지 않으려 한다.

언제부터 우리가 완벽한 존재에 대한 갈망이 생겨버린 걸까. 이 질문의 답을 찾기 위해 여러 진로상담의 기록을 따라가다 보니 아차 하는 순간들을 마주한다. 시험에서 90점을 맞아 와도 한 문제를 왜 틀렸냐는 핀잔을 듣는 나라가 바로 한국이다. 하지만 덴마크에서는 60점만 맞아도 모르는 것을 6개나 알게 되었으니 자랑스럽다는 부모의 격려를 듣는다고 한다.

같은 현상을 보고 장점을 봐주는 환경에서는 내가 할 줄 아는 게 많이 없어도 '앞으로 잘하면 되지, 뭐'

와 같은 생각을 하게 한다. 반대로 시시콜콜한 단점까지도 꼬집는 환경은 이토록 사람을 치졸하고 불안하게 만들어 '모든 것에 완벽해질 때까지 쉬면 안 된다'와 같은 생각을 하게 한다.

그래서인지 요즘 20~30대 청년들을 상담해 보면 70% 넘는 확률로 만성피로와 우울함에 시달리고 있다. 심지어 스스로 그런 상황임을 잘 모르는 경우가 많다. 자기 주변의 대부분이 그렇게 살아가고 있기 때문이다. 다시 말하지만, 새벽 1시까지 이어지는 야근이 절대로 당연한 게 아니다. 주말까지 공부하고 출근해야 하는 삶으로 얻게 되는 성공은 결코 나의 행복과 함께 할 수 없다.

완벽해지려 하지 말자. 완벽한 나를 요구하는 회사에 끌려다니지도 말자. 누구도 행복해지지 않는 이 게임에 속해서 몇 년을 허비하기에는 우리의 하루가 너무 소중하다. 계절마다 피고 지는 꽃도 보면서 살아야 한다. 새로 나온 로제 떡볶이도 맛보며 살아야 한다. 감동적인 영화 한 편에 마음 한쪽이 찌릿할 만큼 눈물을 훔쳐보기도 하면서 살아야 한다. 그렇게 나를 돌보며 살아가는 하루가 쌓여야만 우리는 완벽이 아닌 완성에 가까워진다.

과정에 관심을 가져야 방법이 보인다

"그래서 제가 어떤 종목을 사면 됩니까?"
경제 특강을 하던 중 놀부 상의 관리자 한 분이 손을 번쩍 들어 말했다. 웃어 달라면서 "저는 종목 추천은 하지 않습니다."라고 했더니 그분은 마음에 들지 않는다는 듯 팔짱을 더욱 견고하게 꼈다.

"저도 매번 어떤 종목이 오를지 미리 알 수 있는 비법을 알 수 있었으면 좋겠네요. 알 수 없을뿐더러 만약 제가 알 수 있다면 저는 그 비법을 누구한테도 알려주지 않을 겁니다. 다른 사람에게 알려주면서 강의로 벌어들이는 수익보다 훨씬 많은 수익을 그 비법으로 취할 수 있을 테니까요…. 대신 우리가 집중해야 할 건 이것입니다." 그렇게 나는 경제가 어떤 흐름으로 흘러가는지 그 흐름에서 어떤 투자전략을 어떻게 세워야하는지 강의를 이어갈 수 있었다.

투자에만 해당하는 이야기가 아니다. 꽤 많은 사람이

핑계보다 방법을 찾는 사람

과정보다는 결과에 관심이 많다. 미안하지만 세상 이치가 그렇게 간단하지가 않다. 남의 좋은 결과가 나에게도 좋은 결과로 온다는 보장이 없다. 생각하는 사람도 다르고 그것을 행하는 시점도 다르기 때문이다. 이것을 이해하지 못하고 다른 이의 성공을 흉내 내기만 하는 것은 유명 가수의 스타일링을 따라 하면서 훌륭한 가수가 되기를 바라는 것과 같다.

우리는 '과정'에 더 많은 관심을 가져야 한다. 어떤 노력이 어떤 방식으로 작동해야 그 분야에서 좋은 결과를 얻어낼 수 있는지 그 '원리'를 파악하는 눈을 길러야 하는 것이다. 이것을 일찍이 알아차리기만 해도 이미 절반은 성공한 셈이다.

나머지 절반은 그 공통 원리를 반복해 가며 자신만의 방법을 찾아내는 것이다. 애석하게도 우리는 모두 다른 방식으로 성장을 이루기 때문이다. 그래서 다른 사람에게 통했던 좋은 방식이 나에게는 통하지 않는 일이 생기는 것이다. 기질적인 차이, 유전적인 차이, 성장환경의 차이가 이것을 증명한다. 그러니 애초에 지름길 같은 것을 추구하지 말고, 시간과 공을 들여 '나만의 것'을 만드는 데 집중하는 것이 이롭다.

지겹고 잘 풀리지 않는 시간을 견디다 보면 자연스럽게 알게 되는 자기만의 방법이 생긴다. 그저 어떤 이는 이런 노력의 결과를 노하우라 하고, 어떤 이는 이런 열심의 시간을 재능이라 할 뿐이다.

인생을 한 번에 역전할 지름길이나 필살기를 찾아 헤맬 시간에 나만의 것을 한 번이라도 더 갈고 닦자. 그것이 가장 빠른 길이다.

핑계보다 방법을 찾는 사람

무언가를 오래 하고 싶다면

세상에는 변덕쟁이들이 참 많다. 하루 만에 꿈을 바꾸기도 하고 계절 옷 바꿔 입듯 연인을 갈아치우는 사람들까지 있다. '각자도생이지.'라고 생각할 수도 있지만 아래 내용을 보면 생각이 달라질 것이다.

1. 변덕쟁이들은 '신뢰할 수 없는 사람'이라는 인상을 준다.
돈가스집에서 점심 메뉴를 고른 직후, 자리에 앉아 음식이 나오기를 기다리는데 '에이, 냉면 먹을걸…' 하는 사람은 참 피곤하다. 사람 관계는 신뢰와 배려를 통해 쌓여가는 것인데, 이렇게 우왕좌왕하는 사람은 서로 배려하기도 힘들 뿐 아니라 신뢰를 쌓기도 힘들다. 메뉴 바꾸듯 자기 말을 바꿀 것 같은 불안을 심겨주기 때문이다.

2. 감정적 결정도 습관이 된다.
당신은 T인가? F인가? 사실 둘 다 괜찮다. 문제는 감정적이어야 할 때와 이성적이어야 할 때를 구분하지 못할 때 생긴다. 그래서 감정이 태도가 되지 않게 조심해야 하고, 이성이 남을 판단하는 기만이 되지 않게 주의해야 하는 것이다. 사람은 어떤 것이든 반복하는 것을 습관으로 만드는 재주가 있으니 기분 따라 태도가 달라지지 않게 하자.

3. 변덕쟁이 중에 완벽주의가 많다.
'하나를 얻으면 하나를 잃는다'는 인생의 불문율 중 하나가 아닐까. 선택하지 않은 길에 두는 미련에 쓰일 에너지까지 내가 선택한 길에 쏟아부을 수 있어야 진정한 성장의 길로 들어설 수 있다는 것을 명심하자. 처음부터 가장 좋은 길을 선택해야 한다는 부담을 내려놓고 '지금보다 갈수록 좋은 길이 되려면 그다음에는 뭘 해야 하나?' 같은 고민을 자주 할 줄 알아야 한다.

무엇보다 이랬다가 저러기를 반복하면서 결국 나다운 무언가를 찾는 것이 거의 불가능해져 버린다는 점이 더 큰 문제다. 복잡하고 다양하게만 선택하다 보면 자기만의 기준이나 취향이 생기기 어렵기 때문이다. 원래 모든 것을 가지려 기웃거리기만 하는 사람은 결국 아무것도 갖지 못한다. 그러니 완벽함을 바라지 말고 나다움을 더욱 바라자.

신기하게도 나다움에 맞는 무언가를 계속 추구하다 보면 나도 모르게 '끈기'가 생긴다. 다른 이는 느낄 수 없는 즐거움이 거기 있기 때문에 그렇다. 내게는 글쓰기가 그렇다. 어떤 때는 아침부터 저녁이 될 때까지 쓴다. 기억과 경험이 글이 되고 누군가와의 추억이 깨달음이 되는 시간이 너무 즐겁기 때문이다. 심지어 이미 작고한 누군가와 책으로 대화한 후 키보드에 손가락을 올려놓으면 무려 3~4시간을 혼자서 춤을 춘다.

그렇게 글쓰기를 한 지 벌써 20년이 넘었다. 거슬러 올라가 이렇게 되기까지의 첫걸음을 떠올려 보니, 거기에 '완벽하게 잘 해내지 못해도 괜찮아…'라는 마음이 있었다. 그 마음에 물을 주고 햇볕을 쬐고 보듬어 줬더니 그 마음이 내게 '몰입과 끈기'라는 선물을 주었다. 완벽해지려 하지 말자. 그래야 무엇이든 오래 할 수 있다.

낭만 멘토 윤사부

'김사부가 정신적 지주가 될 수는 있어도 목표가 되어서는 안 됩니다. 그러면 많은 제자들이 좌절할 겁니다.'
최근 한 드라마에서 만난 이 대사는 머릿속 종을 울리는 듯했다. "멘토님 같은 일을 해보고 싶어요."라는 말을 종종 듣는 나로서는 쉽게 지나칠 수 있는 대사가 아니었다. 드라마가 끝나고 종이와 펜을 들었다. 그러고는 오랜 시간 동안 정신적 지주가 되는 삶과 누군가의 목표가 되는 삶에 대한 사색에 빠져 들었다.

'누군가를 돕는 멘토로 살아가면서 그들의 목표가 되어서는 안 된다.' 이것은 곧 나의 방법이 정답이 아닐 수도 있다는 것, 혹은 나에게는 통했지만 너희들에게는 아닐 수도 있다는 것을 가르쳐야 한다는 말이다. 솔직히 어렵고 불편하다. 마치 오랫동안 고통스럽게 익힌 나의 경험이 쓸모없을 수도 있다는 사실을 인정하는 것만 같아서. 나의 정답이 타인에게 정답이 아닐 수 있다고 인정하는 것은 곧 사람마다 길과 속도가 다름을 인정하는 마음이다. 이것을 내 삶에 대한 부정으로 인식하면 분노가 되지만, 인간의 상대성으로 인정하면 그것은 수용이 된다.

곧 하나의 정답을 가진 멘토가 되느냐, 멘티의 수만큼 정답을 가진 멘토가 되느냐의 갈림길을 마주하게 되는 것이다. 그래서 진로와 직업 그리고 경제를 공부할수록 이렇게 자기 고백을 하게 된다.

'정답이 없다는 것을 아는 것이야말로 진짜 지혜다.'

우리 모두에게 주신 달란트가 다르고 그것을 사용하시는 때와 방법이 모두 다름을 인정하는 것. 이것이 진정한 지혜와 수용에 이르는 길이 아닐까. 직업과 인문학, 철학 그리고 성경으로 이어지는 공부를 할수록 마음속으로 '겸손해야겠다'라고 수도 없이 외치게 되는 이유다.

조금 알았다고 깝치지 말자. 살아볼수록 세상에는 숨어있는 고수들이 많다. 단 한 가지 바라는 것은 누군가에게 나도 '숨은 고수'로 여겨지는 삶이길 바랄 뿐이다. 천국 가면 묘비에 적어 달라고 해야겠다.

'낭만 멘토 윤사부'라고.

마무리하며

책을 끝맺으며, 저는 다시 한번 독자 여러분께 묻고 싶습니다. 우리는 인생에서 얼마나 많은 핑계를 만들어내며 살아가고 있을까요? 그리고 그 핑계들 속에서 자신을 정당화하며 안주하는 순간이 얼마나 많았을까요? 이 책을 집어 들고 끝까지 읽어주신 여러분은, 적어도 마음 한편으로는 '핑계보다 방법을 찾는 사람'이 되고 싶다는 열망이 있었을 것입니다.

우리는 모두 각자의 자리에서 크고 작은 장애물을 마주합니다. 때로는 그것이 경제적인 문제일 수도 있고, 때로는 관계에서 오는 어려움일 수도 있습니다. 어떤 경우든 우리 앞에 놓인 현실은 변하지 않습니다. 하지만 그것을 대하는 우리의 '태도'는 스스로 선택할 수 있습니다. 방법을 찾겠다고 결심하는 순간, 우리의 시야가 열리고 이전에는 보이지 않던 가능성이 나타나기 시작할 겁니다.

핑계를 찾는 사람은 언제나 변명을 준비하고, 현실을 탓하며 멈춰 서 있습니다. 반면, 방법을 찾는 사람은 문제 속에서도 해결책을 모색하며 앞으로 나아갑니다. 심지어 세상에 없던 해결책을 만들어내기도 합니다. 물론 그 과정이 쉬운 것은 아닙니다. 실패를 경험하기도 하고, 때로는 모든 것이 틀어지는 것처럼 느껴질 수도 있습니다. 하지만 중요한 것은, 지금 우리에게 주어진 것으로 우리가 걸어갈 수 있는 길을 한 걸음씩이라도 걷는 선택을 하는 것입니다.

이 책을 통해 여러분이 작은 변화를 만들어낼 수 있기를 바랍니다. 거창한 목표가 아니어도 좋습니다. 하루에 단 한 가지라도, 스스로 '방법을 찾았다'고 느낄 수 있는 경험을 해보세요. 매일 그런 경험이 쌓이면, 어느새 여러분은 핑계가 아니라 방법을 찾아내는 사람이 되어 있을 것입니다.

마지막으로, 저 역시 여러분과 같은 길을 걸어가는 한 사람으로서 이 글을 씁니다. 저도 수많은 도전을 마주했고 때때로 좌절도 했지만, 결국 방법을 찾아 여기까지 왔습니다. 그리고 앞으로도 저의 영역에서 계속 필요한 방법을 찾아 나갈 것입니다. 이 책이 여러분에게 작은 용기와 동기가 되기를 바라며, 여러분의 여정에 깊은 응원을 보냅니다. 언젠가 핑계보다 방법을 찾은 사람으로 살다가 커피 한 잔을 사이에 두고 서로의 방법을 나누는 날이 오기를 기대합니다. 감사합니다.

핑계보다 방법을 찾는 사람

초판 1쇄 발행 2025년 2월 17일

지은이 윤성화
펴낸곳 아웃오브박스 / **편집** 심은선
디자인 쇼이디자인

출판등록 2018년 2월 14일 제 2018-000001호
주소 경상남도 밀양시 새미안길 9-1 갤러리빌라 101호
전화 070-8019-3623
메일 out_of_box_0_0@naver.com

ISBN 979-11-984561-3-7 (02810)

*정가는 책 뒤표지에 있습니다.

이 책의 판권은 지은이와 아웃오브박스에 있습니다.
이 책은 저작권법에 의해 보호를 받는 저작물이므로 무단 복제 및 무단 전재를 금합니다.